HORST ZIETHEN

Schwarzwald
Tiefe Wälder, romantische Landschaft und Tradition

Schwarzwälderinnen in der Tracht der Unverheirateten

ZIETHEN-PANORAMA VERLAG

Gerd Dörr

SCHWARZWALD

Während im Rheintal schon blühende Städte mit hoher Kultur gegründet waren, blieb der Schwarzwald jahrhundertelang kaum besiedelter Urwald. Lange Zeit mieden die Menschen dieses Bergland mit seinen Furcht erregenden dunklen Wäldern, die aus der Ferne fast schwarz aussehen und dem Gebirge seinen Namen gaben. Erst allmählich zogen die Menschen Ende des 19. Jahrhunderts unter der Führung der Klöster tiefer ins Innere auf die Höhen des Schwarzwalds und begannen mit der Kultivierung. Die große Waldregion im Rheinknick setzt sich zusammen wie ein Mosaik von Wäldern: Mauswald, Mooswald, Hotzenwald, Weißwald, Kohlwald, Zipfelwald, Berglewald und viele mehr. Bekannt sind alle unter einem Namen: Schwarzwald.

Zwei Berufe blühten auf und bildeten lange Zeit eine gute Erwerbsquelle: Holzfäller und Flößer. Fast vollständig war der Schwarzwald ursprünglich von weiten Tannenwäldern bedeckt und die prächtigen Stämme, die bis zu 50 Meter hoch werden konnten, erzielten im Flachland gute Erlöse. In der nur schwer zugänglichen Wildnis fällten kräftige Männer die mächtigen Bäume und ließen sie auf kunstvollen Anlagen, den so genannten Riesbahnen, zu Sammelpunkten an den Flüssen hinunterdonnern. Dort warteten andere wilde Gesellen, die Flößer. Sie banden die Baumriesen zu mächtigen Flößen zusammen. Und sobald die Bäche und Flüsse Wasser führten, wurden die Stämme über die Schwarzwaldflüsse zum Neckar und zum Rhein bis nach Holland transportiert. Die längsten, schönsten und gleichmäßigsten Baumriesen waren bei den Schiffsbauern sehr begehrt. Sie trugen den Namen „Holländer" und vom Holländermichel handelt auch die Sage von Wilhelm Hauff in seinem Märchen „Das kalte Herz". Noch bis Anfang des 20. Jahrhunderts existierte das traditionsreiche Gewerbe der Flößer, dann verlagerte sich der Holztransport auf die Eisenbahn.

BLACK FOREST

There were flourishing towns in the Rhine valley long before any settlements appeared in the Black Forest. People shunned the fearsome mountains with their dark forests that look black from distance, giving the area its name. A thousand years ago, however, monks arrived and started to cultivate the central parts of the forest. Others followed their example and discovered seams of ore, galena, iron, silver and zincblende in the twelfth century. It was an era of great mining activity. Woodland and valleys were cleared to make way for villages, although the harshness of the climate allowed only a minimum of farming. The Rhine sweeps northwards in a great curve around the edge of the Black Forest, which is really a collective name for a myriad of small forests.

In the following centuries there emerged two certain ways of making a living. Woodcutters and raftsmen could always be sure of a job, for the forest was once almost entirely covered with fir trees. Their vast trunks, which could reach a height of 160 feet, were always good for profit in the lowlands. Sturdy woodsmen hacked their way into the nearly impenetrable forest wilderness to fell the tallest trees and send them hurtling down the valleys on elaborately fashioned tracks. At the assembly points another tough breed of men, the raftsmen, tied the giant trunks together. When the rivers were swollen with rain they sent the rafts downriver to the Neckar and the Rhine, often as far as Holland. The best, longest and most regular tree trunks were of course highly valued by shipbuilders and were therefore known as "Holländer". The traditional trade of the raftsmen carried in into the beginning of the 20th century, but died out with the coming of the railways.

The Black forest provided ideal conditions for another trade, that of the charcoal-burner. From their smoky kilns came charcoal for homes and industry. In the most inaccessible heights of forest, resin and tar were produced from wood, which is naturally the raw material of most of the Black Forest industries.

FORÊT NOIRE

Durant des siècles, la Forêt-Noire est restée une région déserte alors que la vallée du Rhin s'enorgueillissait de villes florissantes, connaissant déjà un haut niveau culturel. Les hommes évitèrent pendant longtemps cette montagne aux forêts effroyablement sombres et qui paraissent si noires vues de loin, qu'elles ont donné leur nom au massif. C'est seulement vers l'an mille que des moines entraînèrent les hommes à l'intérieur et sur les hauteurs de la Forêt-Noire pour y cultiver la terre. La montagne connut une agitation intense au XIIe siècle après la découverte de mines de plomb, de cuivre, de fer et d'argent. Des villages furent construits dans les vallées vertes et dans les grandes clairières. Toutefois, le climat trop rude ne permit jamais qu'une agriculture modeste.

Deux métiers pourtant prospérèrent dans la région et apportèrent de bons revenus à ceux qui les pratiquaient: bûcheron et flotteur de bois. La Forêt-Noire était presque entièrement couverte de forêts de sapins. Les troncs des arbres, qui peuvent atteindre 50 mètres de hauteur, étaient vendus à bon prix dans la plaine. Des hommes forts montaient dans les forêts presque impénétrables, y abattaient les arbres qu'ils précipitaient vers des points de rassemblements sur les cours d'eau à l'aide d'installations spéciales. Là, attendaient les flotteurs d'eau qui construisaient des radeaux avec les énormes troncs et une fois que les ruisseaux et rivières de la forêt avaient assez d'eau, les immenses embarcations flottantes étaient transportées vers le Neckar et le Rhin jusqu'en Hollande. Les constructeurs de bateaux appréciaient beaucoup les troncs d'arbres longs, aux formes régulières. Ceux-ci portaient le nom de « Hollandais » et il est question d'un Hollandais-Michel dans le conte de Wilhelm Hauff « Le cœur froid ». Le métier de flotteur de bois, si riche en traditions, exista jusqu'à ce que le chemin de fer ne le condamne à disparaître, au début du siècle.

Auch Köhler arbeiteten im Wald und produzierten in rauchenden Meilern Holzkohle für Haushalt und Gewerbe. In ganz abgelegenen Bergwäldern, wo das Holz nicht mit Flößen abtransportiert werden konnte, gewannen die Harzer und Pechsieder ihr Produkt aus dem Rohstoff Holz, mit dem die meisten Handwerks- und Gewerbearten im Schwarzwald zu tun haben.

Im Schwarzwald bestanden die Häuser, bis auf die Fundamente aus behauenen Natursteinen, fast nur aus Holz: die Konstruktion aus Balken, Brettern und Latten, die Außenwände aus manuell hergestellten Schindeln, schuppenartig übereinander befestigt. Auch Hausrat und Geräte wurden so weit wie möglich aus Holz gefertigt: Teller und Schüsseln, Butterfässer und Wasserkübel, Schränke und Truhen, Tische und Stühle. Putz an den Wänden war weit- gehend unbekannt. Vom Bretterboden bis zur Holzdecke gab es nur dieses eine Material, vom Kachelofen einmal abgesehen, und der wurde natürlich mit Holz beheizt. Selbstverständlich waren auch das Himmelbett im Schlafzimmer, in dem der Bauer und die Bäuerin schliefen, und die Wiege für den Nachwuchs ganz aus dem Holz, das der Wald reichlich lieferte.

Ein Erbe war natürlich existenzwichtig für den Bestand eines Hofes und wegen der kargen Erträge hätte die Teilung des Besitzes zum Ruin der Erben geführt. So wurde der Hof ungeteilt an den Ältesten weitergegeben, der dafür seine jüngeren Geschwister, die nicht in einen anderen Hof einheiraten konnten, lebenslang gegen deren Mitarbeit mitversorgen musste. Der Hoferbe selber hatte dann wiederum für Nachwuchs zu sorgen, um den Fortbestand des Anwesens zu gewährleisten. So versuchte der Erbe mit dem Mädchen seiner Wahl in einem kleinen Gebäude, dem so genannten „Probierhüsli", sein Glück so lange, bis offenkundig war, dass es auch in der nächsten Generation Erben geben würde. Erst dann wurde Hochzeit gefeiert.

The houses of the Black Forest were, apart from their quarry stone foundations, nearly all made of wood: the framework of beams, boards and lath, the outer wall of handmade wooden shingles which overlap like fish scales. The tools and household implements, plates, dishes, butter churns and water barrels, cupboards and chests, tables and chairs, they were all fashioned from Black Forest wood. Wall plastering was virtually unknown. All around the houses from the boarded floor to the wooden ceiling everything consisted of wood, not forgetting the canopied bed for the peasant and his wife and the cradles for their offspring.

While on the subject of offspring, a son and heir was obviously vitally important for the survival of the farm. To divide up the barren land would have led to ruin so the farm was handed over to the eldest son. He had to keep his unmarried younger brothers and sisters in return for their labour. It was also his responsibility to provide a new heir to take over the property, and to this end a "Probierhüsli", best described as a probation room, was erected beside the house. The heir was allowed to try his luck with his chosen girlfriend until the existence of an heir was in no possible doubt. Then the wedding celebrations could take place. There is one of these "Probierhüslis" in the open air museum of Vogtsbauernhof near Gutach, which has one of the most impressive collections of original Black Forest farmhouses and their furnishing.

The characteristic Black Forest house stood on sloping ground. In the front, on the valley side, were the living quarters, protected by the low-hanging eaves of hipped roof and, if you were well-off, fronted by a balcony. Behind the house were the storage barns, and the hillside made it easy to drive a loaded waggon into the hayloft on the upper floor. Under the warm hayloft there would be a cowshed with just as many cows as the hay would feed. The straw in the stable was prevented from burning in case of fire by blocking the doors.

Des charbonniers travaillaient également dans les forêts et enfumaient de vastes étendues pour produire la charbon de bois qui allait alimenter les maisons et artisanats. Dans les endroits éloignés de la forêt, là où on ne pouvait transporter les troncs d´arbres jusqu´à un cours d´eau, on retirait la résine du bois et on la travaillait sur place. En fait, le bois était la matière première dans presque tous le commerces et artisanats de la Forêt-Noire.

Hormis ses fondations en pierres naturelles taillées, un chalet de la Forêt-Noire est entièrement construit en bois: poutres, planches et lattes pour la charpente, bardeaux s´enchevauchant pour les parois extérieures. Autrefois, tout le mobilier et les ustensiles de ménage étaient également taillés dans le bois: les assiettes et les cuillères, les barattes pour le beurre et les baquets pour l´eau, les armoires et les bahuts, les tables et les chaises. Le crépi aux murs était inconnu. Tout était en bois, du plancher jusqu´au plafond et le poêle en céramique était naturellement chauffé aux bûches. Le lit à baldaquins dans la chambre du paysan et de la paysanne, le berceau du petit étaient aussi fabriqués dans ce matériau tiré de la forêt.

Un héritier était indispensable en ce temps. Il devait assurer la continuation de la ferme. Cependant, les maigres revenus n´autorisaient pas le partage entre frères et sœurs, qui aurait mené l´exploitation à la ruine. Celle-ci revenait alors à l´aîné avec une condition toutefois: les frères et sœurs cadets n´ayant pas trouvé à se marier dans d´autres familles avaient le droit de rester à la ferme où ils étaient nourris et logés en échange de leur travail. L´héritier devait lui aussi, assurer sa descendance. Il s´y essayait avec la jeune fille de son choix dans une petite dépendance de la ferme appelée « Probierhüsli » ou « hutte d´essai ». Et le mariage entre les deux jeunes gens était seulement célébré quand tout le monde avait acquis la certitude qu´une nouvelle génération allait naître.

Ein solches „Probierhüsli" ist im Freilichtmuseum Vogtsbauernhof bei Gutach erhalten, zusammen mit der eindrucksvollen Sammlung von Original-Schwarzwaldhäusern mit ihren Einrichtungen.

Dank des quarzhaltigen Gesteins gab es im mittleren und südlichen Schwarzwald lange Zeit eine florierende Glasindustrie. Ihr Energiebedarf war jedoch so groß, dass im 17. und 18. Jahrhundert weite Flächen abgeholzt wurden – so schnell, dass die Bäume nicht nachwachsen konnten. Deshalb brach die Glasverhüttung schließlich zusammen. Auf den meisten abgeholzten Flächen wurden danach Fichten angepflanzt. Deshalb überwiegt diese Baumart heute.

Ein Produkt dieser Landschaft gehört zu den beliebtesten Souvenirs der Besucher: die Schwarzwälder Uhr. Da gelangte irgendwie um 1640 eine mechanische Uhr aus Böhmen in den Schwarzwald. In der Einsamkeit der Berge muss sie wohl ein Tüftler auseinander genommen und mit Holzrädern nachgebaut haben. Um 1660 gab es im Gebiet des Klosters St. Peter schon die ersten Uhrmacherwerkstätten und hundert Jahre später war die Uhrmacherei zu einer bedeutenden Industrie geworden. Berühmtestes Erzeugnis Schwarzwälder Uhrmacherkunst ist die Kuckucksuhr, schöner und ursprünglicher allerdings ist die Lackschilder-Uhr. Ihre Vorderfront, das Schild mit dem Ziffernblatt, wurde meist in Heimarbeit von bäuerlichen Familien reich bemalt.

Bis heute ist die Fabrikation von Großuhren mit mechanischen und jetzt auch elektrischen Werken ein wichtiger Gewerbezweig in vielen Orten. Es gibt kein Heimatmuseum, in dem nicht schöne und originelle, einmalige und raffinierte Uhren aus den letzten vier Jahrhunderten gezeigt werden Uhren mit Glocken und Spielwerken, Flötenuhren und Vogeluhren. Es sind wahre Kunstwerke, die durch komplizierte Räderwerke und Figuren in Bewegung gesetzt werden und

For a long time there was a flourishing glass industry in the Black Forest, for the rocks of the central and southern regions of the forest are rich in quartz. Unfortunately, glass production requires very high temperatures, and as wood was the only fuel, large sections of forest were cleared, faster than trees could grow again. So the industry collapsed. Spruce were later planted in the deforested areas and became the predominant tree of the region - unfortunately, since monocultures are more open to environmental pollution than mixed woodland.

One Black Forest product above all has won the hearts of the tourists, especially the foreign ones, and that is the clock. The history of Black Forest clockmaking goes back to about the year 1640 when a mechanical clock from Bohemia found its way into the forest. Some handiman tucked away in a remote corner of the hills must have taken it apart and made a wooden copy. The first clockmakers' workshops appeared near the monastery of St Peter around 1660, and a century later this industry was the most important one in the whole area. The most famous of all the Black Forest clocks is the cuckoo clock, although the older design of the Lackschilder- Uhr is far more beautiful. The Schilder, or clock faces, were usually hand-painted in the homes of the local farmers.

The manufacture of mechanical and electric clocks is still a thriving industry in many places. There is no local history museum without an exhibition of original, decorated, unique or ingenious clocks from the last three hundred years, clocks with chimes, musical boxes and birds, real works of art which by means of complicated mechanism set figures in motion and play complete pieces of music. The German Clock Museum in Furtwangen has hundreds of magnificent examples to admire. In the Waldkirch region the clock industry took a new course, for here the large mechanical organs for use in fairgrounds and on public occasions were produced.

Un de ces « Probierhüsli » se trouve au musée en plein air Vogtsbauernhof près de Gutach, qui abrite une collection impressionnante de chalets originaux avec leur aménagement intérieur de la Forêt-Noire.

Grâce aux roches riches en quartz, une industrie du verre florissante se développa longtemps dans la partie moyenne et sud de la Forêt-Noire. Son besoin en énergie était si grand que de vastes surfaces furent déboisées aux XVIIe et XVIIIe siècles, et cela plus vite que les arbres ne pouvaient repousser. L'industrie du verre s'effondra finalement. Des pins furent plantés sur les étendues dénudées. C'est pourquoi cette espèce d'arbre domine aujourd'hui es Forêt-Noire.

Un des souvenirs préférés que le visiteur, surtout l'étranger, rapporte de Forêt-Noire, est la pendule à coucou. Son histoire commence avec l'apparition fortuite, vers 1640, d'une horloge mécanique de Bohème. Dans la solitude des montagnes, un bricoleur la mit sans doute en pièces et la munit de roues de bois. Toujours est-il qu'en 1660, les premiers ateliers d'horlogerie se dressaient près du cloître Saint Peter et que la fabrication des pendules était déjà fort florissante un siècle plus tard. Le coucou est le plus célèbre produit de l'art horloger de la Forêt-Noire. Toutefois, la pendule à écusson est plus belle et de construction plus ancienne encore, Sa face antérieure, comportant écusson et cadran, était peinte avec art par les familles paysannes. Jusqu'à aujourd'hui, la fabrication d'horloges à mouvement mécanique ou électrique est une source de revenus importants dans bien des endroits de la région. Tous les musées locaux renferment d'admirables pendules datant des trois derniers siècles. Elles sont belles, astucieuses, uniques ou originales. On trouve des pendules avec différents mécanismes de boîte à musique, de clochettes, de flûte et de coucou. De véritables œuvres d'art avec des rouages compliqués qui actionnent des figurines et jouent des ganze Musikstücke von sich geben können. Im Deutschen Uhrenmuseum in Furtwangen sind Hunderte der schönsten Exemplare zu bewundern.

Eine Weiterentwicklung der Uhrmacherkunst waren Anfang des 20. Jahrhundert die großen mechanischen Spielorgeln für Volksfeste und Unterhaltungsbetriebe, die in der Umgebung von Waldkirch gebaut wurden.

In Pforzheim hatte die badische Markgräfin Caroline Luise 1767 im Waisenhaus eine „Bijouterie-Unternehmung" eingerichtet, um elternlosen Jugendlichen eine Arbeit zu schaffen. Damit gründete sie einen Gewerbezweig, der Pforzheim zur deutschen Gold- und Schmuckstadt machte. Ein weiteres Handwerk hat sich bis heute besonders im mittleren Schwarzwald in kleinstem Rahmen erhalten: das Stricken von Trachten, das Anfertigen von Bollenhüten und von Schäppeln, einem kronenähnlichen Kopfschmuck mit mehreren hundert farbigen Perlen. Die alten Schwarzwälder Volkstrachten werden in einigen Gegenden immer noch an Sonn- und Feiertagen, zu Hochzeiten und kirchlichen Festen getragen.

Feste ganz besonderer Art sind die Wochen der schwäbisch-alemannischen Fasnet oder Fastnacht, die mit dem Rheinischen Karneval oder dem Münchner Fasching nur die Jahreszeit gemeinsam hat. Furcht erregende Gestalten ziehen mit farbenfrohen Masken und Schellenkleidern, dem so genannten „Häs", durch die Straßen und vertreiben die bösen Geister des Winters. Dies ist ein uralter Volksbrauch, der auf vorchristliche Wurzeln zurückgeht.

Baudenkmäler der herkömmlichen Art, Dome, Kirchen und Schlösser, findet man eher am Rande des Schwarzwalds. Zu diesen Kunstwerken gehören beispielsweise das Freiburger Münster, die Schlösser von Karlsruhe, Rastatt und Baden-Baden sowie mittelalterliche Stadtgründungen der Zähringer Grafen, die in Freiburg, Villingen, Kenzingen und anderen Orten sowie im Kloster

In Pforzheim yet another industry was founded in 1767, when the Duchess Caroline Luise set up a jewellery business in the local orphanage to occupy the children there. Thus began Pforzheim´s history as the German centre for goldsmiths and jewellers. Finally, in the central regions of the Black Forest there is a small clothing industry that produces the embroidered traditional costumes, which are still worn at weddings, on high days and sundays.

In the Black Forest the Fasnet week is celebrated in the week before Ash Wednesday. It is of distant relation to the Rhineland Carnival or the Bavarian Fasching. Here tradition dictates that fearsome figures with brightly painted masks and costumes hung with tiny bells should leap through town and drive out the evil spirits of winter. The custom almost certainly dates back to pre-Christian times.

The usual historical monuments, as one would expect, are rare in the Black Forest itself. Cathedrals, churches and castles are only to be found around the perimeter of the plateau: Freiburg cathedral, the palaces of Karlsruhe, Rastatt and Baden-Baden, medieval towns like Freiburg, Villingen-Schwenningen and Kenzingen were all founded by the Zähringer family. (Legend has it that the first Duke of Zähringen started life as an enterprising charcoal burner in the depths of the forest.) Visitors to the forest will of course find the monasteries from which the first attempts to tame the wilderness came. Some are still standing, some are in ruins: St Blasien with its enormous domed church, Hirsau, Klosterreichenbach, Alpirsbach, Herrenalb and Frauenalb, St Trudpert in the Münstertal. What were once simple forest villages have turned into little towns with photogenic market squares, half-timbered houses galore, and authentically designed, well kept Black Forest hotels and inns.

morceaux de musique entiers. On peut admirer des centaines d´exemplaires magnifiques au musée de l´horlogerie à Furtwangen, la plus importante cité horlogère de la Forêt-Noire.

L´art horloger connut un développement au tournant du siècle. Aux alentours de Waldkirch, on commença à construire des orgues de Barbarie pour la musique de fêtes et célébrations populaires.

En 1767, la margravine badoise Caroline Louise créa une « entreprise de bijouterie » à l´orphelinat de Pforzheim dans le but de donner du travail aux enfants sans parents. Elle posait ainsi le premier échelon d´une industrie qui allait faire de Pforzheim le centre des métaux précieux et de la bijouterie allemande. Une autre forme d´artisanat s´est conservée jusqu´à nos jours dans la partie moyenne de la Forêt-Noire: la broderie sur les costumes régionaux et la confection de coiffes dont le curieux Bollenhut et le Schäppel, une coiffe en forme de couronne fabriquée avec des centaines de perles colorées. Dans certaines régions, l´ancien habit folklorique de la Forêt-Noire est encore porté le dimanche, aux jours de fête, aux mariages et aux célébrations religieuses.

Une fête très particulière est célébrée durant les semaines du carnaval souabe-alemanique qui n´a que la date en commun avec les réjouissances de Cologne ou de Munich. En Forêt-Noire, des silhouettes effrayantes, revêtues de masques colorés et d´habits recouverts de grelots, parcourent les rues pour chasser les mauvais esprits de l´hiver, obéissant ainsi à une coutume ancienne d´avant l´ère chrétienne.

Les monuments tels les cathédrales, églises et châteaux se dressent plutôt sur les bords qu´à l´intérieur de la région qui s´est ouverte très tard. Parmi les édifices historiques, citons la cathédrale de Fribourg, les châteaux de Karlsruhe, Rastatt et Baden-Baden ainsi que les

Entlang der Schwarzwaldhochstraße bis zur badischen Weinstraße

Aus einer Idee des badischen Markgrafen Karl Wilhelm entstanden in den Wäldern vor dem Nordrand des Schwarzwaldes ab 1715 Stadt und Schloss Karlsruhe. Wie die Rippen eines Fächers laufen 32 Straßen auf den Turm des Barockschlosses zu. Über die Fächerform gibt es eine hübsche Geschichte. Danach suchte der Markgraf den bei der Jagd verlorenen Fächer seiner Frau, legte sich ermüdet unter einen Baum und träumte von einem riesigen Fächer, der sich immer weiter ausbreitete. So plante er seine neue Residenz. Als Sitz wichtiger Bundesgerichte nennt sich Karlsruhe heute „Residenz des Rechts".

St. Peter ihre unübersehbaren Spuren hinterließen. Die kulturelle Erschließung des Schwarzwaldes begann mit den Klostergründungen z. B. St. Blasien mit der gewaltigen Kuppelkirche, Hirsau, Klosterreichenbach, Alpirsbach, Herrenalb und Frauenalb oder St Trudpert im Münstertal. Auch wurden aus vielen einst schlichten Ansiedlungen im 19. Jahrhundert schmucke Städtchen mit prachtvollen Marktplätzen, schönen Fachwerkhäusern und gepflegten landschaftstypischen Hotels und Gasthöfen.

Mit 23.000 Kilometern bezeichneter Wanderwege ist der Schwarzwald eines der am besten erschlossenen Waldgebiete Europas. Zu den schönsten und bekanntesten Wanderwegen Deutschlands gehört der Schwarzwald-Westweg über den Hauptkamm von Pforzheim bis Basel. Er berührt die höchsten Erhebungen: im Nordschwarzwald die Hornisgrinde (1164 m), im Südschwarzwald den Feldberg (1493 m), außerdem eine ganze Reihe von Aussichtsbergen wie den 1414 m hohen Belchen. Immer wieder eröffnen sich dem Wanderer Panoramablicke zu den Vogesen jenseits der Rheinebene und zu den Alpen.

Auch für den Autofahrer steht der Schwarzwald offen: Ein halbes Dutzend Ferienstraßen führen zu den landschaftlich eindrucksvollsten Teilen. Der vor über 75 Jahren erbauten Schwarzwaldhochstraße folgten weitere Routen: die Schwarzwald-Tälerstraße, die Schwarzwald-Bäderstraße und die Grüne Straße vom Südschwarzwald zum Bodensee. Im mittleren Schwarzwald erschließt die Schwarzwald-Panoramastraße besonders aussichtsreiche Höhen und am Rande des Waldgebirges führt die Badische Weinstraße durch Rebhänge und schmucke Dörfer von einer Weinlage und einer Weinstube zur anderen.

An idea of Karl-Wilhelm, the Margrave of Baden, led to the birth of the city and palace of Karlsruhe in the forests at the northern edge of the Black Forest in 1715. 32 roads converge on the tower of the baroque palace, like the ribs of a fan. There is an intriguing story about the fan-shape, according to which the Margrave was looking for his wife's fan that had got lost during a hunt, when he grew tired and lay down under a tree. He dreamt of a huge fan unfolding more and more. And thus he came to plan his new residence. Today Karlsruhe is the seat of important federal courts, which has earned it the name "Residence of the Law".

The tourist industry has also given the Black Forest an entirely new reputation for what is incontestably the best cuisine in the whole of Germany. In the west and south-west, where the influence of France and Switzerland is near, there are innumerable recommended restaurants and hotels. They lay claim to more of the coveted stars and chef's hats than the rest of Germany's eating places put together.

The Black Forest has 14,375 miles of marked footpaths and as a hiking area can vie with any other region in Europe. One of the most attractive paths is the famous Westweg, or western route, running along the ridge from Pforzheim to Basel. It crosses the highest parts of the forest, the Hornisgrinde in the north (3,783 feet) and the Feldberg (4,860 feet) in the south, as well as a number of excellent viewpoints like the Belchen (4,613 feet). It offers panoramic views across the Rhine valley to the Vosges in the west.

Drivers also have half a dozen holiday routes to choose from. The Schwarzwaldhochstrasse, or Black Forest Ridgeway, built fifty years ago, has been followed in recent years by others: the valley route, the spa route, the green route towards Lake Constance, the panorama route and the Baden wine route that passes the pleasantest vineyards and wine taverns are just a few that the area has to offer.

Le château et la ville de Karlsruhe, située à la lisière nord de la Forêt-Noire, sont nés à partir de 1715 grâce au margrave badois Karl Wilhelm. 32 rues affectant la forme d'un éventail convergent vers la tour du château baroque. Une anecdote romantique est liée à cette topographie : le margrave aurait cherché dans la forêt un éventail perdu par son épouse au cours d'une chasse. Fatigué, il s'allongea sous un arbre et rêva d'un immense éventail qui s'ouvrait de plus en plus. Cette image lui donna l'idée des plans de sa nouvelle résidence. Karlsruhe, qui signifie littéralement le « repos de Karl » est aujourd'hui le siège d'importants tribunaux fédéraux.

fondations médiévales des Zähringen qui ont laissé des traces inoubliables à Fribourg, Villingen, Kenzingen et autres endroits. Les noyaux de l'humanisation de sont le cloître Saint Blasien avec son église surmontée d'un immense dôme et ceux d'Hirsau, Klosterreichenbach, Alpirsbach, Herrenalb et Frauenalb. Les localités modestes du siècle dernier sont devenues d'agréables petites villes avec de magnifiques places de marché, de belles maisons à colombages et des auberges accueillantes.

En outre, avec ses 23 000 kilomètres de sentiers pédestres admirablement indiqués, la Forêt-Noire est un vrai paradis pour les randonneurs. Un des chemins les plus jolis et les mieux connus d'Allemagne est la Route-Ouest qui va de Pforzheim à Bâle. Elle touche les deux points culminants de la montagne: le Hornisgrinde (1164 m) dans la partie Sud et le Feldberg (1493 m) dans la partie Nord de la région. De plus, elle longe plusieurs belles montagnes comme le Belchen, haut de 1414 mètres. Tout au long du parcours, le randonneur peut apercevoir le panorama des Vosges qui se dressent au-delà de la plaine rhénane.

La Forêt-Noire est également une région d'ouverture pour l'automobiliste. Une douzaine de routes touristiques conduisent aux sites les plus impressionnants. A la Route de Crêtes, construite il y a 50 ans, se sont ajoutées ces dernières années la Route des Vallées, la Route des Thermes et la Route Verte qui relie le Sud de la Forêt-Noire au lac de Constance. Les routes panoramiques de la partie moyenne de la Forêt-Noire effectuent de beaux trajets à travers un paysage de montagne, tandis que la Route du Vin badoise traverse des versants recouverts de vignobles et des villages pittoresques où d'innombrables caves, chais et auberges invitent à la dégustation du vin.

NORDSCHWARZWALD · Karlsruhe, Schloss
NORTHERN BLACK FOREST · Karlsruhe, Palace · **LE NORD DE LA FORÊT-NOIRE** · Karlsruhe, Château

Ettlingen, Stadt am Fuße des Schwarzwaldes
Ettlingen, City at the Foot of the Black Forest · Ettlingen, au pied de la Forêt-Noire

Barockresidenz der Markgrafen von Baden – Schloss Rastatt
Rastatt Palace - Baroque Residence of the Margrave von Baden · Résidence baroque des margraves de Bade – château de Rastatt

Als Wahrzeichen Ettlingens erkennt man den Lauerturm mit der Zinnbekrönung, welcher auch im Stadtwappen verewigt ist. Zu den ältesten Gebäuden der Stadt zählt die St. Martinskirche. In ihrem Keller befinden sich Relikte eines römischen Badegebäudes, das um 200 nach Christus errichtet wurde. – Markgraf Ludwig Wilhelm von Baden, „Türkenlouis" genannt, erwählte Rastatt als neue Residenz und ließ sich 1698-1699 ein Jagdschloss bauen, welches bis 1707 zum prächtigen Barockschloss umgebaut wurde. Auch die Stadt erblühte in den Formen barocker Lebensfreude.

As a landmark Ettlingen´s one recognises the Lauerturm, which is perpetuated in the municipal coat of arms. The St Martinskirche ranks among the oldest buildings of the city. In its cellar there are Certifications of a Roman bath built around 200 after Christ. – When Ludwig Wilhelm of Baden, nicknamed "Turkish Louis", returned from defending Vienna against the Turks, he chose Rastatt as the site of his new residence and built a hunting caste between 1698 and 1699, until 1707 it has changed into an superb Baroque palace.

Car la borne limite Ettlingens un identifie le Lauerturm, qui sont perpétués dans le manteau des bras de la ville. Parmi les bâtiments les plus anciens de la ville le grade de Saint Martinskirche, dans leur cave sont des certifications d'un bâtiment romain de bain autour de 200 après que le Christ aient été établis. – Le margrave Louis Guillaume de Bade, surnommé « Louis le Turc », choisit Rastatt comme résidence et y fit construire un château de la chasse (1698-1699). Plus tard, sur 1707, il se change en une magnifique château baroque.

Bad Herrenalb, Kurstadt im Albtal
Bad Herrenalb, Alb Valley Spa Town · Bad Herrenalb, ville thermale dans la vallée de l'Alb

Seit 1954 ist Herrenalb schon Heilklimatischer Kurort, doch eine Bohrung in 600 Meter Tiefe im Jahre 1971 brachte die mineralische Quelle hervor, die dazu führte, dass sich der Ort seitdem Bad Herrenalb nennen darf. Seine ursprüngliche Entstehung geht auf die Gründung des Zisterzienserklosters Alba Dominorum im Jahre 1148 zurück. Von der Klosteranlage sind heute noch ein paar Gebäude und Reste der Vorhalle, der romanischen Klosterkirche, erhalten. Durch die geschützte Lage und den Zulauf von sieben Tälern konnte sich der Ort gut entwickeln.

Herrenalb has been a climatic health resort since 1954. In 1971, a 600-meter-deep hole was bored that revealed the existence of a mineral spring, and the town was subsequently permitted to rename itself Bad Herrenalb. The town's origins can be traced to the founding of the Alba Dominorum Cistercian abbey in 1148. Only a few buildings of the abbey and the remains of the vestibule of its Romanesque church remain today. Through its sheltered location and accessibility from seven nearby valleys, Herrenalb was able to develop into a flourishing town.

Station climatique depuis 1954, Herrenalb est devenue en 1971 une ville thermale après qu'un forage à 600 mètres de profondeur a fait jaillir une source d'eau minérale. La qualificatif « Bad » (Bain) a depuis été ajouté à son nom. Sa fondation remonte à celle du couvent des Cisterciens Alba Dominorum en 1148. Quelques bâtiments et des vestiges du porche de l'église romane du couvent sont conservés jusqu'à aujourd'hui. Sa situation protégée et l'accès à sept vallées ont permis à la localité de se développer.

Bad Herrenalb, Mönchs Posthotel und Gasthaus – seit 1148
Bad Herrenalb, Mönch's Coaching Inn, founded 1148 · Bad Herrenalb, Mönchs Posthotel, auberge depuis 1148

Die Blütezeit begann für Herrenalb im 18. Jahrhundert, denn schon damals erkannten die Besucher aus den umliegenden Städten, dass Herrenalb ein Ort der Ruhe und Entspannung ist. Mit der Gründung der Kaltwasser-Heilanstalt 1839 begann der Einzug des Adels und der begüterten Gesellschaft und brachte dem Ort den Glanz eines angesehenen Bades; hier traf sich, wer Rang und Namen hatte. Bis heute hat die Freude an der schönen Umgebung der Täler und den Sehenswürdigkeiten bei den Erholungssuchenden nicht nachgelassen.

The heyday of Herrenalb occurred in the 18th century, for in those days already, visitors from the surrounding towns recognised that Herrenalb provided as oasis of peace and tranquillity. With the foundation of the cold water sanatorium in 1839, the aristocracy and wealthy citizens began to arrive here, making Herrenalb into a prestigious spa town and a meeting place for the rich and famous. Today the town, with its attractive surroundings and many sights, has lost none of its erstwhile charm for those seeking rest and recuperation.

L'âge d'or de Herrenalb a commencé au XVIIIe siècle, dès lors que des visiteurs venus des villes environnantes ont découvert la paix et la détente qu'offrait la charmante petite ville. La création d'un établissement d'hydrothérapie en 1839 a donné de l'éclat à la station climatique et attiré la haute société. Herrenhalb est devenue un rendez-vous de l'aristocratie et de la bourgeoisie fortunée. Aujourd'hui encore, les monuments et la superbe campagne des vallées environnantes attirent un nombreux public à la recherche de détente.

Gernsbach die Perle des Murgtals

Gernsbach, Pearl of the Murgtal · Gernsbach, la perle de la vallée de la Murg

Mal breit, mal wild und eng zieht sich das romantische Murgtal durch den Schwarzwald. Auf diesem Weg gelangt man in den Luftkurort Gernsbach, welcher sich vom Ufer der Murg bis hinauf auf 984 Meter ein malerisches Antlitz geschaffen hat. Gernsbach gilt als die „Perle des Murgtals", so findet man in der alten Amtsstadt jede Menge Zeugnisse aus seiner bewegten Vergangenheit. Fachwerkhäuser, Brunnen und verwinkelte Gassen lassen das Herz eines Romantikers und Entdeckers hoch schlagen.

The romantic Murg valley wends its way through the Black Forest, sometimes widening out, sometimes narrowing its route through wild rocky gorges. Following the course of the river, you reach the climatic resort of Gernsbach, picturesquely situated along the banks of the River Murg on slopes that rise to a height of 984 metres. Gernsbach is often named the Pearl of the Murg Valley. Today numerous buildings bear witness to Gernsbach's chequered past as an administrative town. If you are a romantic and an explorer at heart, Gernsbach is the place for you.

Parfois large, parfois étroite et sauvage, la vallée romantique de la Murg traverse la Forêt-Noire. En la suivant, on découvre la station climatique de Gernsbach, qui s'élève depuis la rive de la Murg jusqu'à 984 mètres sur les hauteurs, offrant une vue très pittoresque. Surnommée la « Perle de la vallée de la Murg » l'ancienne ville administrative abrite de nombreux témoignages de son passé mouvementé. Maisons à pans de bois, fontaines et ruelles entrelacées raviront les romantiques et les amateurs des époques passées.

Ebersteinburg, Ruine Alt-Eberstein am Murgtal

Ebersteinburg, the Ruins of Alt-Eberstein · Ebersteinburg, vestiges d'Alt-Eberstein dans la vallée de la Murg

Die Burgruine Alt-Eberstein liegt 426 m hoch zwischen dem Murgtal und Oostal, östlich des Battert, einem beliebten Kletterterrain, und nördlich des Merkur, dem Hausberg Baden-Badens. Das Bergdorf Ebersteinburg gehört seit 1972 zu Baden-Baden. Um 1100 n. Chr. waren die Grafen von Eberstein dort ansässig und errichteten eine Burg auf einer Bergkuppe, die dem dortigen Schlossberg nördlich vorgelagert ist. Hiervon sind heute nur noch der Bergfried und eine Schildmauer vorhanden. Das Dorf selbst liegt südlich der Burgruine Alt-Eberstein und ist als Luftkurort bekannt.

The ruins of Alt-Eberstein Castle are located 426 metres up between the Murg and Oos valleys, to the east of the Battert, a popular climbing terrain, and north of the Merkur, Baden-Baden's local mountain. The mountain village became a part of the municipal district of Baden-Baden in 1972. The Counts of Eberstein were resident there in about the year 1100 and built a castle on a peak to the north of the castle hill. Only the keep and a section of wall remained. The village itself lies to the south and is renowned as a health spa.

La haute ruine Alt-Eberstein s'élève à 426 m entre les vallées de la Murg et de l'Oos, à l'est du Battert, un éperon rocheux apprécié des amateurs d'escalade, et au nord du mont Merkur, près de Baden-Baden. La localité d'Ebersteinburg fait partie de Baden-Baden depuis 1972. Vers 1100 après Jésus-Christ, les comtes d'Eberstein firent ériger un château sur une croupe montagneuse qui dominait la plaine. Il n'en reste aujourd'hui que le donjon et un mur d'enceinte. La petite ville d'Ebersteinburg s'étend au sud des vestiges du château et est connue comme station climatique.

SCHWARZWALD-HOCHSTRASSE
The Black Forest Ridgeway, Baden-Baden, the old castle Hohenbaden

Baden-Baden, Altes Schloss Hohenbaden vom Battertfelsen
Route de la Forêt-Noire, Baden-Baden, vestiges d'Altbaden

Im Mittelalter war Baden-Baden Herrschaftszentrum der Markgrafen von Limburg (später Baden) und bauten um 1100 auf dem Battertfelsen eine stattliche Burg. 1372-1431 zogen die Markgrafen in die Unterburg. Das Alte Schloss wurde zum Witwensitz. Der Ausblick vom Schloss ist grandios und als Herrschaftssitz war er sehr gut gewählt, denn man kann über Baden-Baden und bis zu den Vogesen blicken. Im Ruinenteil der Rittersaals errichtete 1999 der hier beheimatete Orgelbauer Rüdiger Oppermann eine der größten Windharfen Europas, welche durch den Luftzug in Gang gebracht wird.

In the Middle ages, Baden-Baden was the seat of the Margrave von Limburg (later von Baden) who, around the year 1100, built a grand castle on the Battert cliffs. Between 1372-1431, the Margrave moved into the lower castle, leaving the Old Castle as widow's seat. Nevertheless, the excellent view from the Old Castle, which stretches to the Vosges mountains, reflects its original status as the rulers' primary residence. In 1999, local Organ Builder Rüdiger Oppermann built one of Europe's largest Aeolian Harps – an instrument "played" by the wind – in the ruins of the Knight's Hall.

Baden-Baden était au Moyen-Âge la résidence des margraves de Limburg, qui prirent plus tard le nom de Bade. Vers 1100, ils y construirent un château imposant sur le rocher du Battert. Les margraves résidèrent dans le château inférieur (Unterburg) de 1372 à 1431. L'ancien château au sommet du Battert fut habité par les veuves. Depuis le château seigneurial surplombant Baden-Baden, s'offre un panorama grandiose qui s'étend jusqu'aux Vosges. Dans la partie en ruine de la salle des chevaliers, le facteur d'orgues Rüdiger Oppermann a construit en 1999 une des plus grandes harpes éoliennes d'Europe, actionnée par les courants d'air.

Baden-Baden, „Sommmerhauptstadt Europas" die schon den Römern gefiel
Baden-Baden, the "European Summer Capital", much loved since Antiquity · Baden-Baden, « ville d'été d'Europe », déjà appréciée des Romains

Einst war Baden-Baden weltberühmter Kurort und Treffpunkt der gekrönten Häupter aus ganz Europa. Noch heute strahlt das einstige Weltbad viel vom Flair der Belle Epoque aus. Im klassizistischen Kurhaus befindet sich das elegante Spielcasino, das als eines der schönsten der Welt gilt. Heiße Quellen bewogen schon die Römer zur Gründung von Baden-Baden, das sich am Beginn der Schwarzwaldhochstraße in das Tal der Oos schmiegt. Unter dem heutigen Varieté–Friedrichsbau befinden sich die Ruinen des einstigen Römerbades. Zu einem Besuchermagnet wurde die Caracalla-Therme.

Baden-Baden used to be an international spa and meeting place for the crowned heads of Europe. It still retains some of the atmophere of the Belle Epoque. In the classical Kurhaus is the elegant casino, said to be one of the most beautiful in the world. Thermal springs induced the Romans to start a settlement at Baden-Baden, nestling today in the Oos valley at the start of the Black Forest Highway. The ruins of the original Roman baths are located beneath the Friedrich Building. The Caracalla Spa and Leisure Centre, a modern water paradise, has developed into a major attraction.

Des sources d'eau chaudes incitèrent les Romains à créer Baden-Baden qui s'étend dans la vallée de l'Oos, au départ de la Route des Crêtes de la Forêt-Noire. On respire encore une atmosphère de la Belle Époque dans la ville thermale autrefois mondialement réputée, notamment en visitant le pavillon des thermes de style néoclassique, le casi-no et le théâtre. La Lichtentaler Allee est certainement la rue la plus élégante de la ville. Les vestiges des anciens thermes romains se trouvent sous le Friedrichsbau. Aujourd'hui, le complexe thermal moderne Caracalla est le rendezvous des amateurs de wellness.

Gertelbachfälle im Bühlertal

The Gertelbach Falls · Cascades de Gertelbach dans la vallée du Bühler

Gertelbach-Schlucht im Bühlertal
The Gertelbach Gorge · Ravin de Gertelbach dans la vallée du Bühler

Vielseitig ist die Gegend um das Bühlertal – von der Rheinebene gehen die Weinberge hinauf bis zur Schwarzwaldhochstraße. Von wo aus man mit wunderbaren Ausblicken bis weit ins Land sehen kann. Wegen der steilen Höhen von bis zu 800 Metern haben sich Bäche wie der Gertelbach, in wildromantischen Bahnen durch die Granitfelsen gefräst. Das Wasser des Baches stürzt tosend und schäumend als Wasserfall ins Tal und überwindet dabei auf einer Länge von 800 Meter 330 Höhenmeter!

The scenery around the Bühl valley is extremely varied, ranging from the flat Rhine plains to the vineyard-covered hills and the Black Forest Ridgeway (Hochstrasse), which rewards its visitors by offering superb panoramic views of the surrounding countryside. As the hills rise steeply, reaching a height of up to 800 meters, streams like the Gertelbach have carved out a wild and romantic course through the granite rock. The river water rages and foams as it plummets over the 800 meter long, 330 meter high waterfalls into the valley below.

La vallée de Bühler offre une multitude de paysages variés. Les vignobles s'élèvent de la plaine du Rhin jusqu'à la route des crêtes de la Forêt-Noire depuis laquelle on découvre de vastes panoramas sur la région. À travers des hauteurs abruptes, atteignant 800 mètres, de petits cours d'eau tels que le Gertelbach ont creusé des gorges sauvages dans les roches de granit. À quelque 300 mètres de l'embouchure de la rivière, les eaux du Gertelbach se précipitent en une cascade écumante dans la vallée, sur 330 m de hauteur !

Sasbachwalden, Fuchsschrofen - Felsen mit Wollsackverwitterung, wie sie im Schwarzwald öfter vorkommt
Sasbachwalden, "Fox Boulders" with Spheroidal Weathering · Sasbachwalden, Fuchsschrofen dans un paysage de rochers

Mummelsee an der Hornisgrinde, Ottenhöfen – Wasserfall am Edelfrauengrab und die Gottschläg-Wasserfälle
Mummelsee by Hornisgrinde, Ottenhöfen, "Nobelswomans´s Gave", Gottschläg falls · Lac de Mummel, Ottenhöfen, Edelfrauengrab, chutes de Gottschläg

In der letzten Eiszeit vor 18.000 Jahren entstanden unterhalb des Bergmassivs Hornisgrinde kreisrunde Gletscherseen, auch Karseen genannt. Einer der bekanntesten ist der Mummelsee (auf 1036 m), benannt nach der weißen Seerose, die es hier einst gab. Der See liegt direkt an der Schwarzwaldhochstraße. Nach der Sage von Eduard Mörike treten in der nächtlichen Stille Nixen (Mümmlein) ans Mondlicht und geheimnisvolle Wassernixen schrecken den einsamen Wanderer. Sagenumwoben ist auch das Edelfrauengrab an den schönen Wasserfallkaskaden, und die rauschenden Gottschläg-Wasserfällen bei Ottenhöfen.

The Karseen, or corries, are round lakes of glacial origin, formed in the last ice age 18,000 years ago underneath the mountain massif Hornisgrinde. One of the best-known ones is the Mummelsee (on 1036 meter), named after the white sea roses they grow bevore on the lake. The lake is next to the Black Forest Ridgeway. A tale by Eduard Mörike describes the water nymphs who emerge from the depths of the lake to startle solitary hikers. Also shrouded in Legend are the beautiful cascades of the "Noblewoman's Grave", and the Gottschläg Waterfalls at Ottenhöfen.

Les glaciers en forme de cuvette se formèrent durant la dernière glaciation au-dessous du massif de montagne Hornisgrinde il y a de 18000 années. Un des plus connus est le Mummelsee (1036 m) situé directement sur la Schwarzwald-Hochstrasse. D'après la fable d'Eduard Mörike, des ondines et autres esprits apparaissent au clair de lune dans la nuit paisible tandis que des sirènes mystérieuses effraient le promeneur solitaire. Entourées de légendes sont aussi les cascades de l'Edelfrauengrab (tombeau de la Dame) et les chutes de Gottschläg près d'Ottenhöfen.

◁ Edelfrauengrab △ Mummelsee ▽ Gottschläg-Wasserfälle

Apfelplantage und Weinberge in der Ortenau bei Oberkirch
Apple orchards and vineyards at the Ortenau in Oberkirch · Vergers de pommiers et vignes dans l'Ortenau près d' Oberkirch

Weinbauregion Ortenau, Schwarzwälder Kirschwasser-Brennerei in Oberkirch
The Ortenau Wine Region – The Black Forest Kirsch Distillery in Oberkirch · Région viticole d'Ortenau, distillerie de kirsch à Oberkirch

Oberkirch wartet mit einer reizenden Fachwerkidylle auf. Darüber ziehen sich die Weinberge hoch und ganz oben steht stolz die Burgruine Schauenburg. Wenn die Kirsch- und Apfelbäume in Blüte stehen, erscheint einem Oberkirchs Umgebung wie ein üppiger riesengroßer Garten. Ansonsten versteht man sich hier nicht nur auf den Wein, sondern auch aufs Essen: Spezialitäten sind Forellen und hausgeräucherter Speck, dazu wird Renchtäler Kirschwasser gereicht. Oberkirch gilt als die „Hauptstadt der Brenner" mit über 902 Brennereien, welche die Hohe Kunst der Destillation beherrschen, sind hier ansässig.

Oberkirch is an idyllic little place with delightful timbered houses, vineyards rising up beyond and the ruins of Schauenburg Castle are set proudly on top. When the cherry trees and apple trees are in blossom Oberkirch's surrounding area is like a vast, luxuriant garden. They don't only know a thing about wine around here, but also about culinary delights. The specialities include trout and home-smoked bacon, served with Rench valley kirsch. Regarded as the "Distillery Capital", Oberkirch plays host to over 902 Distilleries, each able to boast a consummate mastery of their art.

Oberkirch nous réserve un coup d'œil sur ses idylliques maisons à colombages remplies de charmes au-dessus desquelles se dressent les vignobles, ainsi qu'en altitude, la fière ruine du château Schauenburg. A la floraison des cerisiers et des pommiers, les environs d'Oberkirch ressemblent à un immense jardin exubérant. Les vins ne sont pas les seuls à faire la gloire de la Forêt Noire, les spécialités culinaires également telles que les truites au lard fumé maison, servies avec un kirsch de Renchtal.

Das Tal am Schliffkopf
Valley at the mountain Schliffkopf · Le vallée dans le montagne du Schliffkopf

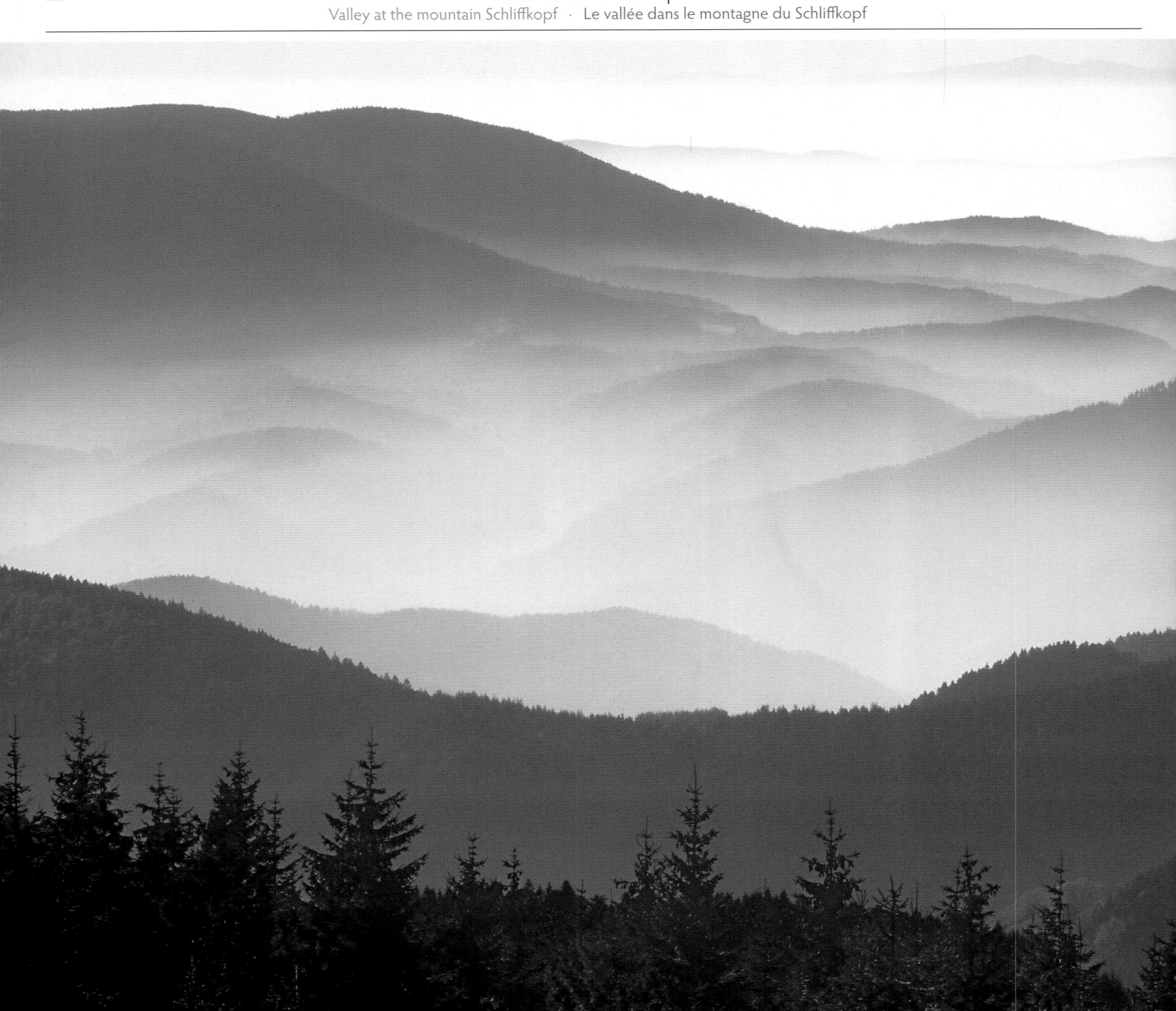

Naturschutzgebiet des Hochmoores am Schliffkopf

The Schliffkopf High-Moorland Nature Reserve · Parc naturel protégé du Hochmoor au Schliffkopf

Kirschblüte in der Ortenau - Ein ganz besonderer Zauber überzieht das Land der Ortenau zur Kirschblüte
Ortenau - blooming cherry trees, this time is especially magical · Le Ortenau – la floraison des cerisiers es un époque de magique

Offenburg die mittelbadische „Freiheitsstadt" am Rande der Ortenau
Offenburg, the "City of Freedom" on the edge of the Ortenau Region · Offenburg, la « ville libre » du centre de la Bade, à l'orée de l'Ortenau

Im Jahr 1847 formulierten in Offenburg ca. 900 Bürger die „Forderungen des Volks in Baden", das erste demokratische Programm Deutschlands. Seit 1947 wird deshalb regelmäßig ein Freiheitsfest gefeiert. Viele Gebäude, wie das Rathaus und der einstige Amtshof der Landesabtei, stellen sich heute in barocker Pracht dar. Besonders stimmungsvoll ist der Fischmarkt mit dem Löwenbrunnen von 1599, umgeben von Fachwerkhäusern und dem historischen St.-Andreas-Hospital. Bedeutendstes Kunstdenkmal ist der Ölberg von 1524 in der Heilig-Kreuz-Kirche.

In 1847, about 900 citizens of Offenburg formulated the "Demands of the People of Baden", the first democratic programme in Germany. To mark this event a Freedom Festival was inaugurated in 1947 and has been celebrated regularly ever since. There is a large number of fine baroque buildings. The fish market with the Lion Fountain of 1599, surrounded by timbered buildings, and the historic Hospital of St Andrew have a special atmosphere all of their own. The Mount of Olives, exhibited in the Holy Ghost Church dating from 1524, is the town's most precious art treasure.

En 1847, environ 900 citoyens d'Offenburg proposaient les « revendications du peuple en Bade », le premier programme démocratique en Allemagne. Depuis 1947, la fête de la Liberté commémore cette action. De nombreux édifices dont l'hôtel de ville et l'ancienne résidence du bailli présentent un style baroque somptueux. Au Fischmarkt (marché au poisson), on peut admirer la fontaine des lions de 1599, de belles maisons à pans de bois et l'hospice historique Saint Andreas. Un trésor de la ville est le Mont des Oliviers, œuvre de 1524 que l'on peut admirer dans la Heilig-Kreuz-Kirche.

Schloss Ortenberg (11.-19. Jh.) – Jugendherberge in der Ortenau bei Offenburg
Castle Ortenberg (11th-19thc.) - Youth Hostel near Offenburg · Château d'Ortensee (XIe-XIXe s.) – auberge de jeunesse près d'Offenburg

Die Landschaft ist wie ein farbenüppiges Gemälde: dunkle Tannenwälder, die Wiesen des Rheintals, weite Flächen mit Obstbäumen. An den Hängen klettern Reben hoch, dann dunkle Bergketten, die sich machtvoll erheben. Hochmoore, tief eingeschnittene Täler, Wasserfälle, Schluchten, Bäche und klare Forellenteiche – das ist die Goldende Au am Westhang ces Nordschwarzwalds im Städtedreieck Baden-Baden, Offenburg und Freudenstadt. Die Goldene Au ist Teil der Ortenau.

The countryside is like a colourful painting: dark coniferous forests, the meadows of the Rhine plain, extensive orchards with fruit trees, vineyards scaling the slopes, dark ranges of hills and mountains rising majestically from the plain. Moorland, deep valleys, waterfalls, gorges and streams, clear-water trout pools – that's what it looks like in the Goldene Au on the western slopes of the Black Forest in the triangle formed by Baden-Baden, Offenburg and Freudenstadt. The Goldene Au is part of what throughout the ages has come to be known as the Ortenau region.

Le paysage ressemble à un tableau à couleurs somptueuses: sapins sombres, vallées herbeuses du Rhin, vastes champs d'arbres fruitiers; vignoble souligné par des rangées de ceps, puis sombres chaînes de montagnes se dressant majestueusement. Fagne, vallées profondément entaillées, cascades, gorges et rivières, étangs à truites et à eaux claires constituent les richesses situées sur la pente ouest de la Forêt Noire du Nord, là où les villes de Baden-Baden, Offenburg et de Freudenstadt forment triangle. La Goldene Au fait partie d'Ortenau.

Die Badische Weinstrasse nahe Offenburg
The Baden Wine Route near Offenburg · La Route des Vins Baden, près de Offenburg

Weinkenner schätzen die Weine, die von der Ortenau (zwischen Baden-Baden und dem Kinzigtal) und vom Kaiserstuhl kommen. In der Ortenau gedeihen auf den verwitterten Böden des Urgesteins beste Weißweine sowie ein vortrefflicher Spätburgunder. Die Weine vom Kaiserstuhl sind glutvoll und vollblumig. Die Badische Weinstraße beginnt in Baden-Baden und endet im Breisgau. Die Route führt vorbei an bekannten Weinorten berühmten Lagen und Weingütern mit Spitzenweinen, in einer lieblichen Landschaft mit weichen Hügeln und steilen Tälern.

Wines from the Ortenau region (between Baden-Baden and the Kinzig valley) and from the Kaiserstuhl are highly regarded by connoisseurs. The weathered surface of the primary rock provides ideal conditions for excellent white wine and a superb Spätburgunder. The wines from the Kaiserstuhl are fiery and full-bodied. The Baden Wine Route begins in Baden-Baden and ends in Breisgau. The Route travels through a charming landscape of gentle hills and steep valleys, wending its way past several famous sites involved in the region's production of fine wines.

Les connaisseurs en vins apprécient les vins provenant d'Ortenau (entre Baden-Baden et la vallée de Kinzig) et de Kaiserstuhl. C'est à Ortenau, sur les sols érodés des roches primitives que sont produits les meilleurs vins blancs ainsi qu'un pinot noir tardif de Bourgogne délectable. Les vins de Kaiserstuhl sont pleins de corps et pleinement bouquetés. La Route des vins de Bade commence à Baden-Baden et s'achève dans le Brisgau. Elle longe des localités et exploitations viticoles produisant des vins connus, à travers une campagne pittoresque de collines douces et vallées abruptes.

Gengenbach an der Kinzig in der Weinlandschaft der Ortenau

Gegenbach on the Kinzig at the wine region of the Ortenau · Gegenbach sur la rivière Kinzig dans les vignes de l'Ortenau

Als Rothenburg der Ortenau wird Gengenbach wegen des unverfälschten historischen Stadtbildes häufig bezeichnet. Zwei Tore führen in die Stadt, deren Straßen von stattlichen Fachwerkhäusern gesäumt werden. In vielen Innenhöfen locken Weinlokale und Winzerstuben zur Einkehr. Der Wappenträger auf dem Marktbrunnen symbolisiert die Reichsunmittelbarkeit der Freien Reichsstadt. Das Schloss Ortenberg, welches der Landschaft den Namen gab, wurde im 19. Jahrhundert wieder in neugotischem Stil aufgebaut.

Gengenbach is often referred to as the Rothenburg of the Ortenau region, on account of its cohesively historic townscape. Two gates give access to the town, whose streets are lined by splendid timbered buildings. Wine taverns tucked away in the courtyards are a special attraction. The shield-bearer on the market fountain symbolises the independent status of this former Free Imperial City. Castle Ortenberg, from which the word Ortenau derives, was restored in neo-Gothic style in the 19th century.

La localité de Gengenbach possède un grand passé puisqu'elle fut ville libre d'Empire. Elle a conservé une partie de son enceinte et deux portes qui conduisent dans la ville aux rues bordées de maisons à colombages. Dans de nombreuses cours intérieures, des auberges invitent à déguster les vins du terroir. La physionomie historico-romantique de la ville, très authentique, avec ses deux tours portes des XIIIe et XIVe siècles. Le château d'Ortenberg qui a donné son nom à l'endroit et a été restauré en style nouveau gothique au XIXe siècles dernier.

Gengenbach, Abteikirche und Pfarrkirche St. Marien
Gengenbach, Abbey Church St Marien · Gengenbach, abbatiale et église paroissiale Sainte-Marie

Der Komplex der ehemaligen Benediktinerabtei (um 725 gegründet) in Gengenbach liegt in der Stadtmitte, ihr Turm ist Wahrzeichen und Kirche der Stadt. Nahezu 1100 Jahre wirkten hier die Mönche der Benediktiner und prägten den Ort mit ihrem spirituellen und kulturellen Einfluss. 1807 wurde das Kloster aufgehoben. Die heutige Pfarrkirche St. Marien, ist eine der wenigen erhaltenen romanischen Kirchen in dieser Region ihr eindrucksvoller Turm gilt als die Perle des süddeutschen Barocks. Im Zuge der neoromanischen Umgestaltung im 19. Jh. entstand die Ausmalung des Innenraums.

In the center of Gegenbach lies the complex of the former Benedictine abbey (founded c. 725) whose tower provides both a landmark and a church for the town. Before the monastery was dissolved in 1807, Benedictine monks worked here and helped to shape the area with their spiritual and cultural influence for nearly eleven centuries. Today, the Parish Church of St Marien is one of the few surviving Romanesque churches in the region; its impressive tower is considered the Pearl of South German baroque architecture. The church's interior was painted in the 19th c. as part of the Romanesque Revival.

L'ensemble de l'ancienne abbaye bénédictine (fondée vers 725) se dresse au centre de Gengenbach. La tour de l'église est le symbole de la ville. Durant près de 1100 ans, les moines bénédictins étendirent leur influence spirituelle et culturelle sur la localité. Le monastère fut sécularisé en 1807. Aujourd'hui église paroissiale, Sainte-Marie est une des rares églises romanes conservées de la région. Sa tour remarquable date de l'époque baroque. Les peintures de l'intérieur de l'église furent réalisées lors des transformations néo-romanes au XIXe siècle.

Schwarzwald Bäderstraße – vom Nagoldtal zum Neckar
Pforzheim, die Goldstadt

Black Forest Spa Route / From Nagoldtal to the Neckar – Pforzheim, "City of Gold" · Route thermale de la Forêt-Noire / vallée de la Nagold – Pforzheim, la ville de l'or

Pforzheim ist die Pforte zum Nordschwarzwald und der Beginn der Schwarzwald-Bäderstraße und einiger Höhenwanderwege. Die Stadt ist traditionell ein Zentrum für die Goldschmuckproduktion, daher hat sie auch den Namen „Goldstadt". In Pforzheim werden rund um die Schmuckkunst und -gestaltung Ausbildungsmöglichkeiten angeboten, welche weltweite Anerkennung genießen. Auch das Schmuckmuseum, mit einer einzigartigen Sammlung an Exponaten aus fünf Jahrtausenden und den verschiedensten Kulturen, ist ein Erlebnis.

Pforzheim is the gateway to the northern Black Forest and marks the start of both the Black Forest Spa Route and several hiking trails. Traditionally, the town is a centre of the gold jewellery industry, which has led to its alternative name of "Gold Town". Here there are opportunities to train in this branch as, for instance, a goldsmith or designer, in colleges with international reputation. The Jewellery Museum, housing a unique collection of exhibits from five millennia and from diverse cultures, is a notable visitor attraction.

Porte sur la région nord de la Forêt-Noire, Pforzheim est le point de départ de la Route des stations thermales de la Forêt-Noire et de quelques chemins de randonnées sur les crêtes. Centre de la bijouterie allemande depuis des siècles, Pforzheim a été surnommée la « ville de l'or ». Elle est également un centre de formation de réputation internationale pour les futurs bijoutiers et orfèvres. Son célèbre musée de la bijouterie présente une collection unique recouvrant cinq mille années d'histoire de l'orfèvrerie.

Das idyllische Monbachtal bei Bad Liebenzell
The idyllic Monbach Valley at Bad Liebenzell · La vallée idyllique de Monbach près de Bad Liebenzell

Unweit des Monbachtales liegt Bad Liebenzell im Nagoldtal, beherrscht von der Burg Liebenzell der Grafen von Eberstein (um 1200). Schon im 15. Jahrhundert konnte sich dank der heilenden Quellen eine rege Badekultur entwickeln, die besonders heute, im Wellness-Zeitalter, ganz neue Dimensionen erreicht. Wer die Natur liebt, kommt hier ebenso auf seine Kosten. Wildromantisch und ursprünglich sind die Wälder im Monbachtal bis heute geblieben und lohnen entdeckt und erlebt zu werden.

Not far from the Monbach valley lies Bad Liebenzell, in the Nagold valley. It is dominated by Burg Liebenzell, the seat of the Counts of Eberstein, dating from about 1200. As early as the 15th century, thanks to the mineral springs, there was a flourishing spa culture here, which has now taken on quite new dimensions in an age that emphasises wellness. If you are a nature lover, you will be equally rewarded here, for the unspoilt woodlands of the Monbach valley are wild and romantic and well worth exploring yourself.

Non loin de la vallée du Monbach, Bad Liebenzell s'étend dans la vallée de Nagold, dominée par Burg Liebenzell, château des comtes d'Eberstein (vers 1200). Dès le XVe siècle, l'endroit était connu pour ses sources curatives, et il est encore plus fréquenté aujourd'hui, à notre époque du wellness. Par ailleurs, les amoureux de la nature trouveront leur compte à Bad Liebenzell, notamment dans les forêts encore vierges de la vallée de Monbach qui offrent de superbes randonnées et la découverte d'une végétation archaïque.

Kloster Hirsau im Nagoldtal, bedeutende Anlage St. Peter und Paul des 11. Jahrhunderts
Hirsau Monastery in the Nagold Valley (11th century) · Monastère de Hirsau dans la vallée de la Nagold (XIe siècle)

Altensteig im Nagoldtal im Naturpark Schwarzwald Mitte/Nord
The Black Forest Nature Park at Altensteig, the Nagold Valley · Altensteig dans la vallée de la Nagold, parc naturel de la Forêt-Noire

Bedeutend für diese Gegend war der wohl größte Kloster- und Kirchenbau der Romanik in Deutschland. Kloster Hirsau entstand Ende des 11 Jahrhundert; fiel jedoch dem Erbfolgekrieg 1692 zum Opfer. Heute lässt nur noch die Ruine die Ausmaße der ursprünglichen Anlage erahnen. — In Stufen steigt Altensteigs Altstadt mit ihren schmucken Giebelhäusern von der Nagold den Hang hinauf. Oben erheben sich die Pfarrkirche von 1755 mit hübscher Rokokoeinrichtung und das turmähnliche Alte Schloss mit massivem Fundament sowie den Fachwerkaufbauten aus dem 13. Jahrhundert.

Hirsau, perhaps the largest abbey and Romanesque church in Germany, dates from the late 11th century. It played a significant role in the area till it was destroyed in the Wars of Succession in 1692. Now its ruins give only a pale impression of the extent of the original abbey. — The pretty gabled buildings of Altensteig's Old Town are grouped together on the slopes above the Nagold. The parish church of 1755 with its pretty rococo interior and the 13th century tower-like Old Castle with its massive foundations and timbered superstructure rise up above.

Jadis le plus grand complexe religieux de style roman d'Allemagne, le couvent de Hirsau fondé à la fin du XIe siècle, fut détruit en 1692 durant la guerre de Succession. Ses vestiges dévoilent les dimensions et l'importance qu'avait Hirsau à l'origine. — Les jolies maisons à pignons de la Vieille-Ville d'Altensteig gravissent par paliers les versants de la Nagold. En haut, dominent l'église paroissiale de 1755, à l'intérieur rococo, et le Vieux-Château du XIIIe siècle, aux fondations massives et au revêtement à colombages. Le château abrite le musée municipal.

Nagold im Nagoldtal mit der Ruine Hohennagold auf dem Schlossberg (529,9 m.ü.NN)
Nagold with the Ruins of Hohennagold (529.9 m. above sea level) · Nagold, vestiges du Hohennagold sur le Schlossberg (529,9 m)

Kreisstadt Horb am Neckar, am Rande des Nordschwarzwaldes
Horb am Neckar, Town at the Edge of the Northern Black Forest · Horb am Neckar, à l'orée de la Forêt-Noire

Das fruchtbare Nagoldtal wurde schon 4000 v. Chr. besiedelt. Der Schlossberg war auch schon für die Kelten ein strategischer Platz für eine Fluchtburg. Sagenumwoben und geschichtsträchtig stellt sich die imposante Burgruine der späteren Burg dar. Nagold ist eine lebendige Stadt mit malerischen Fachwerkhäusern, Sehenswürdigkeiten und der Gastlichkeit, die bereits Kaiser und Könige schätzten. — Über dem Neckarufer, die grünen Berghänge hinauf, sieht man oben das malerische Horb, mit seiner wunderbar erhaltenen historischen Altstadt, ein Kleinod am Neckar.

The fertile valley of the Nagold was settled as early as 4000 B.C. As far back as Celtic times, the castle hill provided a strategic site for a fort and refuge. All that remains of the later castle are imposing ruins surrounded by legends and steeped in history. Nagold is a lively town with timbered houses, interesting sights and a hospitable atmosphere appreciated by emperors and kings of a former age. — Horb is picturesquely situated on the green hills lining the River Neckar. Its splendidly preserved Old Town is one of the jewels on the Neckar.

La vallée fertile de la Nagold fut habitée dès 4000 av. J.-C. Son point culminant était déjà un endroit stratégique pour les Celtes qui y établirent un fort. L'imposante ruine du château fort construit plus tard est entourée de nombreuses légendes, au-delà de son passé historique. Empereurs et rois ont laissé de nombreuses traces à Nagold, ville animée, réputée pour ses maisons à colombages, ses monuments et sa convivialité. — Grimpant les versants verdoyants d'une rive du Neckar, Horb abrite un quartier historique merveilleusement conservé.

Wasserschloss Glatt am Neckar, Kultur- und Museumszentrum

Moated castle on the Neckar, a center for cultur and museums · Château de Glatt sur le Neckar, un centre de cultur et des musées

Mitten in Glatt am östlichen Rand des Schwarzwaldes sind Museumsliebhaber genau richtig. Der Ort und die imposante Wasserschlossanlage bieten jede Menge Information und Exponate über den Adel, das Leben der Bauern, das Schloss und seiner Herrschaft sowie die Kunst am oberen Neckar und außerdem eine Bernsteinschule. Vorwiegend von den Umbauarbeiten im 16. Jahrhundert geprägt, beeindruckt die frühe Renaissance-Wasserschlossanlage mit ihrer Vollständigkeit. Sie gilt als eine der am besten erhaltenen Anlagen in Baden-Württemberg.

Museum lovers will instantly feel at home in Glatt on the eastern edge of the Black Forest. The town and its imposing moated castle and grounds provide a rich fund of information and exhibits relating to the aristocracy, rural life, the castle and its owners and also to art on the Upper Neckar and the so-called "Bernstein" school. The present-day aspect of this remarkably complete early Renaissance castle results from rebuildings undertaken in the 16th century. It is regarded as one of the best-preserved monuments of its kind in Baden-Württemberg.

Glatt située à la limite orientale de la Forêt-Noire fera le bonheur des amateurs de musées. La localité et son imposant château entouré de douves offrent une multitude d'informations sur la vie des paysans, sur la noblesse, le château et ses habitants, de même que sur l'art du Neckar supérieur et sur une école d'ambre. Transformé au XVIe siècle, le château présente surtout un style Renaissance qui séduit par sa perfection. Il fait partie des ensembles historiques les mieux conservés du Bade-Wurtemberg.

Abendstimmung im Murgtal bei Baiersbronn
Dusk over the Murgtal near Baiersbron · Crépuscule sur la vallée de la Murg

Nicht nur landschaftlich ist die Gegend um Baiersbronn ein Leckerbissen, hoch dotiert reihen sich hier die kulinarischen Sterne aneinander wie sonst kaum anderswo. Die bekanntesten Köche zaubern hier göttliche Geschmackserlebnisse in ihren Gourmettempeln. Sie müssen wohl auch von der Umgebung inspiriert sein, denn der Schwarzwald hat seinen besonderen Reiz. Ein sehnsuchtsvoller Blick von den Höhen auf schier endlose Wälder, unberührte Natur, wohltuende Stille, der Duft nach Harz und der Ruf des Kuckucks machen den Kopf frei für Neues.

Not only the attractive scenery of the Baiersbronn area is a treat for visitors, but also its fine gastronomy. You have to search far and wide for a place where so many prizewinning restaurants display culinary stars and so many renowned chefs conjure up flavoursome experiences for gourmets. Maybe the setting inspires them, for the Black Forest has a special charm. On the heights you can savour stirring views of endless forests and unspoilt nature, restful tranquility, the scent of evergreens and the cuckoo's call, and free your mind for new ideas.

Les environs de Baiersbronn n'offrent pas seulement de superbes paysages, mais aussi toute une série de découvertes gastronomiques étoilées comme il n'en existe nulle part ailleurs en Allemagne. Ici, les chefs les plus renommés servent des délices dans leurs temples de gourmets. Ils trouvent sans doute aussi leur inspiration dans leur environnement, car la Forêt-Noire est unique avec sa nature protégée aux forêts infinies, le parfum de la résine des sapins, sa paix profonde entrecoupée par le chant du coucou. Ici, on retrouve les idées claires pour entreprendre des choses nouvelles.

Kneipp-Kurort Freudenstadt mit dem größten Marktplatz Deutschlands
Freudenstadt's "Kneipp" Spa with the largest Marketplace in Germany · Freudenstadt, ville de cure Kneipp, avec la plus grande place de marché d'Allemagne

Am Schnittpunkt der Schwarzwald-Bäderstraße, Schwarzwald-Tälerstraße und Schwarzwald-Hochstraße liegt Freudenstadt, erbaut 1599 nach dem Vorbild italienischer Renaissancestädte. Freudenstadt liegt auf einem Hochplateau zwischen 591 und 968 Metern hoch. Diese Lage ließ Freudenstadt schon früh zum Touristenmagnet werden, dazu kam die Anerkennung als heilklimatischer Kurort. Besonders eindrucksvoll ist der große Marktplatz, welcher rundherum von Arkaden gesäumt wird, die schon im 17. Jahrhundert zum schlendern und einkaufen einluden.

Built in 1599, and inspired by the cities of the Italian Renaissance, Freudenstadt lies at the intersection of three Black Forest Highways: the Spa Route, the Valley Route, and the Ridgeway. The Town is located on a high plateau (591 - 968 m.), a location which made Freudenstadt a tourist magnet early in its history, thanks to its reputation as a therapeutic, climactic health resort. The town's large, arcade-lined Market square is particularly impressive, and has been an inviting place to stroll and shop since the seventeenth century.

Bâtie en 1599 sur le modèle des villes Renaissance italiennes, Freudenstadt se dresse entre 591 et 968 mètres de hauteur sur un plateau situé à la croisée de la Route de la Haute Forêt-Noire et des Routes des villes thermales et des vallées de la Forêt-Noire. Sa position géographique en fit très tôt une attraction touristique. Elle est en outre une station climatique et de cure Kneipp renommée. Sa place du Marché magnifique, la plus grande d'Allemagne, est entourée d'arcades où l'on se promenait déjà devant les boutiques au XVIIe siècle.

Bad Rippoldsau-Schapbach, Mineral- und Moorbad mit dem Burgbachwasserfall
Waterfall near Bad Rippoldsau · Cascade près de Bad Rippoldsau

Entlang der Bäderstraße gelangt man auch zu dem höchstgelegenen Mineral- und Moorbad, Bad Rippoldsau-Schapbach. Die Natur findet hier ihren Weg über die wilden Wasserfälle zurück ins Tal wie der Burgbachwasserfall, er gilt als einer der höchsten frei fallenden Wasserfälle Deutschlands. Dieses geologische Naturdenkmal bietet eine ganz spezielle und außergewöhnliche Kulisse für romantische Hochzeiten. Seit 2010 finden im Alternativen Bärenpark bedürftige Tiere ein neues Artgerechtes zu Hause.

The Spa Route leads you on to Bad Rippoldsau-Schapbach, the Black Forest's highest mineral and mud bath spa. Over the centuries, water from the Spa has carved a route down into the valley below, forming several wild waterfalls on its way. These include the Burgbach falls, considered one of the highest free-falling waterfalls in Germany. When illuminated, this natural wonder makes a striking backdrop for romantic weddings. Since 2010, the town's "Alternative Bear Park" has found new homes for animals in need.

En prenant la Route des bains, on atteint Bad Rippoldsau-Schapbach, la ville thermale de bains minéraux et de boue la plus élevée de la région. Ici, la nature descend vers la vallée en empruntant des chutes d'eaux sauvages telles que la cascade de la Burgbach, une des plus hautes d'Allemagne. Des jeux de lumière éclairent cette curiosité géologique, qui forme un superbe décor pour des photos de mariage romantiques. Depuis 2010, le „Bärenpark" offre un habitat quasiment naturel à des ours et loups qui avaient été maltraités.

Entlang der Deutschen Uhrenstraße – vom Kinzig- zum Gutachtal bis nach Triberg
From Kinzig to the Gutach Valley along the German Clock Route to Triberg · De Kinzig à la vallée de la Gutach et Triberg au long de la Route de l'horlogerie

Stadt Alpirsbach

Besonders markant ist in Alpirsbach der über 900 Jahre alte Komplex des Klosters aus rotem Sandstein. Von hier stammt auch ein bekanntes Spitzenbier. — Das Kinzigtal ist Ausdruck der Romantik, wie in Schiltach die verwinkelten Gassen, malerischen Winkel, idyllischen Plätze mit Fachwerkhäusern, wohin das Auge blickt. Die eleganten Jugendstilfassaden und klaren Linien der klassizistischen Bauten geben den Kompositionen der Orte eine unvergleichliche Ausstrahlung. Allerdings kann das Kinzigtal auch mit den modernen Ansprüchen mithalten, denn das Angebot an Freizeitgestaltung ist schier unerschöpflich.

The abbey buildings, constructed of red sandstone and over 900 years old, are a prominent feature of Alpirsbach. The famous top-quality Alpirsbach beer is brewed here. — Kinzigtal is the image of pure Romanticism, like Schiltach with its narrow winding lanes, picturesque corners and idyllic squares with half-timbered houses wherever you look. The elegant Art Nouveau facades and clear lines of the neo-classical buildings make the townscape extraordinarily attractive for visitors. Nonetheless, Kinzigtal has kept pace with the modern world, the range of leisure activities is nearly endless.

Alpirsbach est très connue pour son couvent en grès rouge, fondé il y a plus de 900 ans. C'est ici qu'a été créée la bière renommée « Spitzenbier ». — Schiltach dans le Kinzigtal est la ville romantique par excellence : ruelles tortueuses, places idylliques bordées de pittoresques maisons à pans de bois dans le vieux quartier médiéval ; façades élégantes de style art nouveau et édifices aux lignes néoclassiques évoquant la Belle Époque. Ce mélange illustrant des siècles d'histoire confère à Kinzigtal une atmosphère incomparable. Kinzigtal est aussi le nom de la vallée qui abrite la ville.

Schiltach im Kinzigtal, Stadt des Fachwerks, der Flößer und Gerber

Schiltach im Kinzigtal, Town of Timber Framing, Rafting and Tanning · Schiltach dans la vallée de la Kinzig, ville colombages, flotteurs et tanneurs

Wolfach an der Kinzig – der charmante Luftkurort im Herzen des Schwarzwaldes
Wolfach an der Kinzig, Charming Health Resort in the Heart of the Black Forest · Wolfach sur la Kinzig, agréable station climatique au cœur de la Forêt-Noire

Wolfach war das Zentrum der Kinzigflößerei. Seinen Einfluss kann man anhand des 110 Meter langen und über 600 Jahre alten Fürstenbergischen Schlosses ablesen. Noch während der Umgestaltung 1681 starb der junge Landgraf Maximilian Franz von Fürstenberg-Stühlingen, so dass die Gebäude nie zu ihrer vollen Prachtentfaltung kamen und nur als Amtsstuben fertig gestellt wurden. Auch das reich verzierte Rathaus und die Reste der mächtigen Stadtbefestigung geben einen ungefähren Eindruck davon, welches Ansehen Wolfach einst hatte.

Wolfach was once the centre of the Kinzig rafting industry, and it is possible to estimate the town's former influence by visiting the great Fürstenberg palace, 110 metres long and over 600 years old. While it was being rebuilt in 1681, the young Landgrave Maximilian Franz von Fürstenberg-Stühlingen died, so that only the administrative buildings were completed and the palace never presented itself in its full glory. The richly ornamented Town Hall and the remains of the sturdy town walls also give an impression of the standing that Wolfach once enjoyed.

Wolfach était le centre du flottage du bois sur la Kinzig. Construit il y a plus de 600 ans, et mesurant 110 mètres de longueur, l'ancien château des princes de Fürstenberg témoigne de l'importance qu'avait jadis la localité. Le jeune landgrave Maximilian Franz de Fürstenberg-Stühlingen mourut en 1681, pendant la transformation du château, aussi, au lieu de la résidence luxueuse prévue, l'édifice ne fut achevé que pour servir de bâtiment administratif. L'hôtel de ville richement orné et les vestiges de l'imposante enceinte de la ville donnent un aperçu de la prospérité d'autrefois.

Haslach im Kinzigtal, Rathaus in der schmucken Altstadt
Haslach im Kinzigtal, The City Hall in the Lovely Old Town · Haslach dans la vallée de la Kinzig, hôtel de ville dans le quartier historique

Haslach, wie auch das gesamte Kinzigtal, ist für den Silberbergbau schon seit der Steinzeit bekannt, wie man durch Hämatitbergbaufunde aus dem Zeitalter 5500 – 4500 v. Chr. nachweisen konnte. Die Blütezeit im 13. Jh. brachte dem Ort Wohlstand; das spiegelt sich in den Gebäuden wider, welche aus dieser Zeit stammen. Im Kinzigtal wird zum Teil noch heute Alemannisch gesprochen, eine Überlieferung der Germanen-Stämme. Im Schwarzwälder Trachtenmuseum erfährt man, warum Schwarzwälderinnen rote oder schwarze Bollenhüte tragen und vieles mehr.

Haslach, like the whole of the Kinzig valley, is famed for its silver mining. Mining has taken place in the Black Forest since the Stone Age, as the discovery of the remains of haematite mines near Sulzburg dating from 5500 – 4500 B.C. have demonstrated. The town reached its heyday in the 13th century, and its former prosperity is reflected in the many fine buildings dating from this time. As a legacy of the early Germanic tribes, the Alemannic dialect can still be heard in the Kinzig valley.

Comme toute la vallée de la Kinzig, Haslach est connue pour ses mines d'argent. La prospérité de la ville s'établit au XIIIe siècle, ainsi qu'en témoignent les édifices datant de cette époque. L'exploitation minière de la Forêt-Noire remonte à l'âge de la pierre ; des vestiges d'extraction de l'hématite, datant de 5500 – 4500 av. J.-C. y ont été retrouvés dans les environs de Sulzburg. Le dialecte alemanique parlé par les tribus germaniques, est encore utilisé dans certaines contrées de la vallée de la Kinzig.

Fünftalerstadt Schramberg
Schramberg of the five valleys · Schramberg ville des cinq vallée

Fünftälerstadt nennt sich Schramberg, gelegen inmitten von fünf landschaftlich schönen Tälern, deren Höhen drei Burgruinen krönen – eine typische Stadtgründung der mächtigen Zähringer Grafen. Im mittleren Schwarzwald gelegen ist dies ein Ort, der durch die Uhrenindustrie geprägt wurde. Im 19. Jahrhundert gründete Erhard Junghans seine Fabrik und verkaufte Uhren von hier aus in alle Welt. Noch heute zählen die Feinmechanik- und Hightech-Industrie zu den wichtigsten Wirtschaftszweigen.

Schramberg stands at the meeting point of five pleasant valleys, while the hills around are topped by three ruined castles. Schramberg, in the central Black Forest, has long been dominated by the watch and clock-making industry. In the 19th century, Erhard Junghans set up a factory here and was soon selling watches throughout the world. Today precision mechanics and high-tech industries still constitute one of the key factors of the local economy.

La ville aux cinq vallées se surnomme Schramberg situées en effet à l'intersection de cinq vallées verdoyantes dont les hauteurs boisées sont couronnées de trois châteaux en ruine. Située au coeur de la Forêt-Noire, Schramberg est un centre de l'industrie horlogère. Fondée au XIXe siècle par Erhard Junghans, la manufacture éponyme allait bientôt vendre des montres dans le monde entier. La mécanique de précision et aujourd'hui l'industrie de haute technologie sont deux branches économiques importantes de la localité.

GUTACHTAL im Mittleren Schwarzwald, Bauernhof im Gutachtal
A Farm in the Gutach Valley in the Middle of the Black Forest · Vallée de la Gutach au cœur de la Forêt-Noire, une ferme typique du terroir

Die schönsten Seiten der Schwarzwälder Tradition zeigen wir auf den folgenden Seiten. Im Freilichtmuseum Vogtsbauernhof an der Gutach werden Kultur, Geschichte, Tradition und Brauchtum sowie die Lebensweise der Schwarzwälder in den letzten 400 Jahren eindrucksvoll dargestellt. Die imposanten Schwarzwaldhöfe, Mühlen, Stuben, Sägen und Scheunen wurden liebevoll in ihrem Originalzustand wieder aufgebaut. – An Feiertagen tragen Frauen die Gutacher Tracht: den Bollenhut oder den Schäppel aus bunten Perlen der heimischen Werkstätten.

The Black Forest's culture, history and customs are impressively displayed in the Vogtsbauernhof open-air museum on the Gutach, with illustrations of the local way of life over the last 400 years. All this can be experienced at first hand in imposing Black Forest farms, mills, interiors, sawmills and barns, meticulously documented on site and rebuilt here in their original state. – On holidays and special occasions the women of Gutach wear their traditional dress with a Bollenhut, the distinctive pom-pom hat, or a Schäppel, a headdress decorated with pearls and sequins.

Le captivant musée en plein air de Vogtsbauernhof dans la vallée de la Gutach présente la culture, l'histoire, les traditions et les usages des habitants de la Forêt-Noire, au cours des 4 siècles passés. Les visiteurs découvrent la vie rurale d'autrefois dans la Forêt-Noire, à travers les fermes imposantes, les moulins, les habitations, les scieries et les étables, admirablement reconstruits en l'état. – Les jours de fêtes, les femmes portent le costume traditionnel de la vallée de la Gutach avec le « Bollenhut », coiffe à pompons ou le « Schäppel », sorte de couronne en perles multicolores.

Gutachtal, Freilichtmuseum Vogtsbauernhof mit Schwarzwälderinnen in traditionellen Trachten
The Gutach Valley's Open-air "Vogtsbauernhof" Museum · Vallée de la Gutach, musée de plein air Vogtsbauernhof

Gutachtal, Schwarzwälderinnen mit Jungfrauenkrone, dem Schäppel
Black Forest Girls wearing Bejewelled "Maiden's Crowns" · Habitantes de la Forêt-Noire arborant la coiffe dite « couronne virginale »

Gutachtal Vogtsbauernhof, alte Bauernstube
The farm Vogtsbauerhof at the Gutach valley · La ferme dite Vogtsbauernhof dans les Gutach vallée

Dieser Hof des Vogtsbauern steht seit 1612 unverändert bei Hausach im Gutachtal. Mit seiner Originaleinrichtung ist er zum Zentrum des Freilichtmuseums Vogtsbauernhof geworden. Hier und in vielen anderen Tälern der Umgebung, kann man die eindrucksvollen und charakteristischen Schwarzwaldhäuser noch besonders häufig antreffen. So ein Haus besitzt ein ausgeklügeltes ökonomisches System, welches über Jahrhunderte gut funktioniert hat. Ein zentraler Ofen, Stallungen im hinteren Bereich, das Krüppelwalmdach, der Natursteinkeller und weiteres bilden ein Funktions- und Energiehaus mit Tradition.

The farm of Vogtsbauernhof has stood unchanged in the Gutachtal near Hausach since 1612. Along with its original contents, it has now become the centre of the Vogtsbauernhof open-air museum, where various types of Black Forest farms and houses are on show with authentic furnishings. The typical Black Forest houses such as this possessed an intricate energy system that functioned efficiently over centuries. Its features included a central oven, stabling in the rear area, a half-hipped roof and cellar of natural stone, making it a forerunner of modern "green" housing.

La ferme dite Vogtsbauernhof, inchangée depuis 1612 est située près d'Hausach dans la vallée de la Gutach Avec ses aménagements d'origine, elle est devenue le point central d'un musée en plein air où ont également été recréés différents types d'habitations et de fermes de la région. La maison paysanne typique de la Forêt-Noire possède des structures fonctionnelles qui ont fait leurs preuves pendant des siècles. Poêle central, étable située dans le fond, toit de chaume en croupe, cave en pierres naturelles, autant d'éléments astucieux dans une maison traditionnelle, au chauffage économique.

Bachbauernhof an der Gutach

The farm Bachbauernhof on the Gutach · Ferme « Bachbauernhof » sur la Gutach

Schonach mit der größten Kuckucksuhr der Welt
The World's Largest Cuckoo Clock, Schonach · Schonach, le plus grand coucou du monde

Schwarzwald – Kuckucksuhrenland. Besonders am Triberg haben sie Tradition und sind begehrt auf der ganzen Welt. In Schonach und im Eble-Uhrenpark findet man sogar das weltgrößte, begehbare Uhrengehäuse. — Durch ein stetiges Rauschen kündigen sich Deutschlands höchste Wasserfälle am Stadtrand von Triberg an. Tosend stürzt das Wasser der Gutach 163 Meter in die Tiefe. Ein Besuch der Fälle lohnt sich, denn beim Bestaunen des grandiosen Naturschauspiels atmet man gleichzeitig die ionisierte Luft ein, besonders heilsam bei Erkältungs- und Asthmaerkrankungen.

The Black Forest is cuckoo clock land. Notably in Triberg, their manufacture has a long tradition, and local cuckoo clocks are in demand all over the world. In Schonach and in the Eble Clock Park you can find the world's largest, with a walk-in clock case. — A steady rumbling sound on the outskirts of the town of Triberg marks the nearby presence of Germany's highest waterfalls. The waters of the Gutach plunge down a crashing drop of 163 metres. A visit to the falls can be recommended also for breathing the ionised air, especially conducive to the treatment of asthma and bronchial conditions.

La Forêt-Noire – pays des pendules à coucou, célèbres dans le monde entier. Schonach et le parc Eble-Uhrenpark abritent les plus grands coucous du monde. Les cascades de Triberg sont elles les plus grandes d'Allemagne — La plus haute chute d'eau d'Allemagne gronde et bouillonne en bordure de Triberg. Les eaux de la Gutach se précipitent d'une hauteur de 163 mètres en sept paliers. La chute d'eau de Triberg est non seulement beau, aussi de l'air sain à respirer, les vertus de la Entretenir thérapeutiques, et notamment les affections respiratoires et L'asthme.

Triberg, Deutschlands höchste Wasserfälle
Triberg, Germanys highest water falls · Triberg, plus hautes cascades d'Allemagne

Triberg Schwarzwaldmuseum, eine Zeitreise in die hiesige frühere Lebensweise
Triberg's Black Forest Museum: Travel in Time and Experience the Past · Triberg, musée de la Forêt-Noire, un voyage dans le passé

Tradition und althergebrachte Handwerkskunst wird in Triberg sehr gepflegt. Im Heimatmuseum können neben Trachten auch Spieluhren, Glashüttenerzeugnisse und ein nachgebildeter Bergwerksstollen besichtigt werden. Im Rathaus zu Triberg schuf Josef Fortwängler den Rathaussaal: In eindrucksvoller Schnitzkunst wurden Szenen der Einheimischen geschnitzt, die einen zum Schmunzeln und Nachdenken anregen. In Triberg hält auch die bekannte Gebirgsbahn, die Schwarzwaldbahn, auf ihrem tollkühnen Weg durch Tunnel und über Viadukte.

Traditional customs and time-honoured handicrafts are highly valued in Triberg. In the local history museum, visitors can admire traditional local costumes, musical boxes, hand-blown glassware and a reconstructed mine shaft. Josef Fortwängler was the designer of the council chamber of Triberg Town Hall. In an impressive series of carvings he created Black Forest scenes that give grounds for both humour and reflection. The famous Black Forest mountain railway halts in Triberg on its spectacular route through tunnels and over viaducts.

Jusqu'à aujourd'hui, Triberg cultive ses traditions et ses arts artisanaux anciens. Au musée régional, le Heimatmuseum, on peut admirer des costumes folkloriques, des boîtes à musique, des verreries, la maquette d'une mine. Dans la salle du Conseil de l'hôtel de ville de Triberg, Josef Fortwängler sculpta dans le bois des scènes de la vie en Forêt-Noire, certaines humoristiques, d'autres laissant pensif. Triberg est une des stations de la ligne de chemin de fer de montagne dite Schwarzwaldbahn au parcours aventureux à travers des tunnels et sur des viaducs.

Wallfahrtskirche Maria in der Tanne
"Maria in the Fir" Pilgrimage Church · Église de pèlerinage « Maria in der Tanne » (Marie dans les pins)

Die barocke Wallfahrtskirche „Maria in der Tanne" (1699-1705) bei Triberg hat ihren Ursprung in den Begebenheiten, die der Sage nach dem dortigen Quellwasser besondere Heilkräfte zusprechen. Vom Stöckelwaldturm hat man einen grandiosen Ausblick bis zur Schwäbischen Alb und den Alpen. In ausgesprochen exponierter Lage errichtete man einst den Ort für Hinrichtungen, den Triberger Galgen (1349) auf dem „Scheitel Alemanniens" – der Europäischen Wasserscheide auf 1020 Meter Höhe, als Zeichen der hier beginnenden Gerichtshoheit. Ein Hinrichtungsort mit atemberaubender Aussicht.

According to legend, the foundation of the Baroque pilgrimage church of "Maria in der Tanne" (1699-1705) near Triberg may be attributed to the discovery that springs on this spot possessed healing qualities. From the Stöckelwaldturm, you can enjoy a stupendous view that extends to the Swabian Alb and the Alps. From the so-called Alemmanic Parting, a highly exposed European watershed at a height of 1020 metres, you have a breathtaking view. This watershed once marked a site of execution, the Triberg gallows (1349), indicating the start of a jurisdictional area.

Selon la légende, l'église de pèlerinage baroque « Maria in der Tanne » (Marie dans les pins), située près de Tiberg, fut bâtie de 1699 à 1705 car les eaux de la source proche aurait eu des propriétés miraculeuses. Depuis la tour « Stöckelwaldturm » s'offrent de superbes panoramas de la contrée Schwäbische Alb jusqu'aux Alpes. Sur un plateau venteux à 1020 mètres de hauteur, à la ligne européenne de partage des eaux, fut jadis érigé le gibet de Triberg, (1349), lieu suprême de la justice, avec une vue époustouflante.

Deutsches Uhrenmuseum Furtwangen
German Clock Museum Furtwangen · Furtwangen, Musée de l'horlogerie

Irgendwo im Umkreis von Furtwangen oder Triberg stand die Wiege der Schwarzwälder Uhr. Vermutlich wurde um 1640 von Glasträgern eine mechanische Uhr aus Böhmen in den Schwarzwald gebracht und von einem Tüftler mit holzgefertigten Rädern nachgebaut. Eine bis heute blühende Uhrenindustrie entstand in Furtwangen, wo auch das Deutsche Uhrenmuseum eingerichtet wurde. Es enthält die größte historische Uhrensammlung Deutschlands mit über 8.000 Exponaten und gibt einen Überblick über die Entwicklung der Uhrmacherei.

The birthplace of the traditional Black Forest clock lies somewhere near Furtwangen or Triberg. In about 1640, glass pedlars introduced a mechanical clock from Bohemia to the Black Forest, whereupon some ingenious local craftsman made a copy in wood. So the thriving clock industry of Furtwangen was born, and it is still going strong. In Furtwangen you can also find the German Clock Museum, which contains the largest collection of historical clocks in Germany. Over 8,000 exhibits give a comprehensive survey of the whole history of clockmaking.

La pendule de la Forêt-Noire a son berceau dans les environs de Furtwangen ou de Triberg. Vers 1640, une horloge mécanique aurait été apportée dans la région par des verriers de Bohème. Un bricoleur en construisit un modèle qu'il munit de roues en bois. Ainsi une industrie de l'horlogerie florissante naquit à Furtwangen. La ville abrite aussi le musée de l'horlogerie où l'on peut se documenter sur le développement de l'industrie horlogère et admirer la plus grande collection historique de pendules en Allemagne constituée de plus de 8 000 exemplaires.

Hexenlochmühle am Heubach im Hexenlochtal
Hexenlochmühle on the Heubach in the Hexenloch valley · Hexenlochmühle sur le Heubach dans le Hexenloch vallée

„Es steht eine Mühle im Schwarzwälder Tal" – dieses alte Volkslied wird lebendig im Angesicht der Hexenlochmühle zwischen Furtwangen und St. Märgen. Die Höhenunterschiede mit Wasserfällen und Bachläufen bewogen die Schwarzwälder schon sehr früh, die Wasserkraft vor allem zur Holzverarbeitung auszunutzen. Noch immer drehen sich Mühlräder im Schwarzwald – zur Stromgewinnung oder zum direkten Einsatz der Wasserkraft für Säge- oder Hammerwerke. Strom vom Netz wird oft nur als zusätzliche Energiequelle eingesetzt.

There stands a mill in a Black Forest dale – these words from an old German folk song could well describe Hexenlochmühle, between Furtwangen and St Märgen. In the steep Black Forest valleys almost every stream has a waterfall, and settlers, especially the woodsmen, exploited water power from the earliest times. The millwheels still turn in the Black Forest, supplying electricity or turning the machinery of saws and hammers. Electricity from the mains is often merely used as an auxiliary supply.

« Un moulin se dresse dans la vallée de la Forêt-Noire », raconte une vieille chanson populaire. Ce moulin pourrait être le Hexenlochmühle situé entre Furtwangen et Saint Märgen. Les différences de hauteur, les vallées et les ravins où presque tous les ruisseaux deviennent cascades ont très tôt incité les hommes à utiliser l'énergie hydraulique dans l'industrie du bois. Les roues des moulins tournent toujours en Forêt-Noire, soit pour obtenir du courant, soit pour diriger directement l'énergie hydraulique vers les martelleries et les scieries.

Von Rottweil nach Freiburg
From Rottweil to Freiburg, the "Fools' Leap" Parade

Rottweil, Narrensprung
De Rottweil à Fribourg, carnaval alemanique à Rottweil

Rottweil kann als älteste Stadt Baden-Württembergs auf eine bedeutende Zeit zurückblicken. Als Königshof „Rotuvilla" wurde sie bereits 771 n. Chr. erwähnt. Zur Zeit der Karolinger war Rottweil schon ein bedeutendes Gerichts- und Verwaltungszentrum. Fastnachtsmorgen, wenn es noch dunkel ist, ziehen die Rottweiler Narren los zum Narrensprung am Schwarzen Tor. Es ist ein großes Aufgebot an Masken, Hexen und ohrenbetäubendem Krach mit Rasseln, Schellen und Peitschen: Im Schwarzwald hat sich die alemannische Fastnacht in ihrer urtümlichen Form erhalten.

Rottweil, the oldest town in Baden-Württemberg, can look back on a remarkable history. Its existence was first recorded in 771 A.D. when it was mentioned as a royal court named "Rotuvilla". It is a short trip from Villingen to Rottweil, where in the early hours of Shrove Tuesday the Rottweil fools set off to the parade. Its participants caper through the streets in an extraordinary variety of outlandish masks and strange costumes to a deafening accompaniment of rattles, bells and whips. In the Black Forest Carnival is known as Fastnacht.

Rottweil, la plus ancienne ville du Baden-Wurtemberg, a un riche passé historique. Elle remonte à la résicence royale « Rotuvilla » mentionnée pour la première fois en 771. À l'époque des Carolingiens, Rottweil était déjà un important centre d'administration et de justiceLe jour de Carnaval, quand il fait encore nuit, des centaines de fous et de sorcières prennent possession de la ville de Rottweil. Ils défilent dans un vacarme assourdissant de sifflets, de crénelles et de bruits de chaînes. Le carnaval alemanique a conservé ses formes traditionnelles en Forêt-Noire.

Donaueschingen mit Blick zur böhmischen Barockkirche St. Johann (1747)
Donaueschingen and the Bohemian Baroque Church of St Johann (1747) · Donaueschingen, vue sur l'église baroque Saint-Jean (1747)

Seit der Feldherr Tiberius im Jahre 15 v. Chr. die Karstaufstoßquelle als die Donauquelle anerkannt hat, fließt die Donau von hieraus über 2.840 km bis ins Schwarze Meer. Einst die Hauptstadt des Fürstentums Fürstenberg, ließ Joseph Wilhelm Ernst zu Fürstenberg 1723 hier sein Residenzschloss errichten. Heute im Stil der Belle Epoque ist es in seiner Art in Deutschland einzigartig. Das Schloss beherbergt die Geschichte des Hauses Fürstenberg.

In 15 B.C., the Roman commander Tiberius determined that the springs now known as the "Karstaufstossquelle" were the source of the Danube, and since then this part of Donaueschingen has marked the official site where the river begins its 2840-kilometre-long journey to the Black Sea. This was once the seat of the dukedom of Fürstenberg and in 1723, Joseph Wilhelm Ernst zu Fürstenberg erected a palace here. It is the only example of a Belle Epoque palace in Germany and nowadays houses a collection relating to the history of the Fürstenberg dynasty.

Depuis que le chef d'armée Tiberius, en l'an 15 av. J.- C., découvrit la source du Danube qui jaillissait du relief karstique, Donaueschingen est le point de départ du fleuve qui parcourt 2 840 km avant de se jeter dans la mer Noire. Le palais construit en 1723 par Ernst de Fürstenberg rappelle que la ville était jadis la capitale de la principauté de Fürstenberg. Unique en son genre en Allemagne, le palais a été transformé au XIXe siècle en style Belle Époque et présente au public l'histoire de la maison Fürstenberg.

Donaueschingen mit der Donaubachquelle
Donaueschingen the source of the Danube · Donaueschingen la source du Danube

Die schönen Jugendstilhäuser in der Stadt Donaueschingen vermitteln ein Gefühl von Leichtigkeit und Harmonie. Blumenornamente an den Balkonen und Goldverzierungen, duftige Farben und hohe, schmale Fenster als Ausdruck dieses damals neuen Stils verbanden Zweckmäßigkeit und Funktionalität der Bauten mit dem neuen Lebensgefühl dieser Epoche. Der Entwurf für die Einfassung der Donauquelle im antiken Stil stammte von Kaiser Wilhelm II. und wurde 1910 umgesetzt. Die allegorische Figur der Mutter Baar zeigt ihrer Tochter, der jungen Donau, den Weg Richtung Osten.

The architecture of the town's attractive Art Nouveau houses conveys a sense of lightness and harmony. Stylised flower decorations on the balconies, gold ornamentation, pastel colours and high, narrow windows are all typical of this late 19th century style that combined practicality and functionality with the epoch's new feeling for life. The design for the fountain containing the Danube springs, built in 1910, came from Emperor Wilhelm II. The allegorical figure of mother Baar shows her daughter, the young Danube, the way to the east.

Les ravissantes maisons de style Art nouveau confèrent une impression de légèreté et harmonie. Arabesques et ornements végétaux des balcons, dorures, couleurs claires et hautes fenêtres élégantes, alliés à une rigueur rationaliste, déterminent ce style imaginatif évoquant le nouvel esprit de l'époque. La conception de l'encadrement de la source du Danube en style antique date de l'empereur Guillaume II et fut réalisée en 1910. La statue allégorique de mère figure la Baar indiquant à son enfant, le jeune Danube, la direction vers l'Est.

Landesmusikfest in der Kreisstadt Villingen-Schwenningen
State Music Festival · Fête de la musique

Villingen-Schwenningen ist eine der größten Mittelstädte Deutschlands und hat somit auch einiges zu bieten, unter anderem als Hochschulstandort. Als Doppelstadt mit einem badischen und einem württembergischen Teil gibt es auch wegen der unterschiedlichen Landeszugehörigkeiten vieles doppelt, denn viele Einrichtungen existieren in beiden Landesformen. In einer solchen Stadt gibt es viele Veranstaltungen, wie erstmalig im Jahre 2006 das Große Landesmusikfest, aber die Stadt gilt auch als Hochburg der Fastnacht, die Historische Villinger Fasnet.

Villingen-Schwenningen is one of the largest medium-sized towns in Germany and as such has numerous amenities on offer, including several colleges of higher education. As two towns and two administrative areas are combined here, one in Baden, the other in Württemberg, Villingen and Schwenningen have set up their own institutions, and many are doubled. Of course there are many innovative and traditional activities here. In 2006 the State Music Festival was inaugurated, but this is also a stronghold of Carnival celebrations, here named "Villinger Fasnet".

Chef-lieu de canton, Villingen-Schwenningen a beaucoup à offrir, dont une université technique d'une certaine renommée. La ville réunit deux parties, l'une badoise, l'autre wurtembourgeoise, et donc deux identités régionales. On y retrouve ainsi diverses organisations en double, avec chacune leurs traditions. Une telle ville ne peut qu'être la scène de nombreuses manifestations culturelles telles que la grande fête de la musique folklorique célébrée pour la première fois en 2006, et bien sûr le célèbre carnaval historique « Villinger Fasnet ».

Villingen-Schwenningen, Altes Pfarrhaus, Brunnenfiguren des Narro und die Alte Villingerin
Villingen-Schwenningen, the Old Rectory, Sculptures Narro and Old Villingerin · Villingen-Schwenningen, ancien presbytère, Narro et la vieille femme figures

Kloster St. Märgen ehemaliges Augustiner-Chorherrenstift, heutiges Paulinerkloster
The Pauline (formerly Augustinian) Monastery of St. Märgen · Cloître St. Märgen, ancienne collégiale des Augustins – aujourd'hui monastère paulinien

St. Märgen liegt auf einem Höhenrücken zwischen Feldberg und Kandel inmitten einer idyllischen Landschaft. Wohl kaum ein anderes Schwarzwalddorf hat ein so beeindruckendes Panorama zu bieten. Das 1118 gegründete Kloster St. Märgen gibt dem Heilklima- und Wallfahrtsort ein prägendes Bild. Ursprünglich als Augustiner Chorherrenstift besiedelt, beherbergt es seit 1995 ein Paulinerkloster, einen Orden der Eremiten. Durch ein Gnadenbild entstand eine Wallfahrt. Die zweitürmige Neobarockkirche der heutigen Klosteranlage wurde nach einem Brand 1907–1914 nach alten Vorbildern wieder neu errichtet.

St Märgen is situated on a high ridge between Feldberg and Kandel in the midst of some idyllic countryside. There is hardly another Black Forest village that has such a magnificent panorama to offer. Even today, the monastery of St Märgen, founded in 1118, sets its stamp on this climatic health resort and place of pilgrimage. Originally it was a foundation of Augustine canons, but since 1995 has housed an order of hermits, the Pauline Fathers. Pilgrims were attracted to the site by a statue with miraculous powers. After a fire, the monastery's twin-towered neo-Baroque chapel was restored between 1907 and 1914 on the basis of ancient models.

Admirablement située sur une crête rocheuse, St. Märgen s'étend entre Feldberg et Kandel, au coeur d'une nature idyllique. Peu de villages de la Forêt-Noire peuvent offrir un panorama aussi impressionnant. Fondé en 1118, le couvent de St. Märgen est un monument marquant de ce lieu de pèlerinage qui est également une station climatique. Habité à l'origine par l'ordre des augustiniens, l'établissement est depuis 1995 un monastère paulinien, de l'ordre des ermites. L'église néo-baroque à deux clochers du monastère actuel fut détruite par un incendie et reconstruite à l'identique de 1907 à 1914 d'après des gravures anciennes.

St. Märgen, Rankmühle im Hochschwarzwald
St Märgen, The Rankmühle Mill · St. Märgen, moulin dans la Haute Forêt-Noire

Die Bauernmühlen im Schwarzwald sind Relikte vergangener Tage, die heutige Technik hat sie längst überholt und das Klappern am rauschenden Bach ist verstummt. Doch als Denkmäler des bäuerlichen Alltags und Dokumentation der damaligen Lebensweise sind sie heute wichtige Zeugnisse, die es zu erhalten gilt. Die Rankmühle bei St. Märgen steht an einem Hang, so dass das Vieh auf der Talseite im unteren Teil des Hauses untergebracht war. Den Wohnbereich darüber konnte man über die Küche betreten, in die Tenne über der Stube wurde ebenerdig eingefahren.

Black Forest mills are relics of a bygone age, made redundant by technological advances, and the "old mill by the stream" of the song has long fallen silent. Even so, mills bear witness to a lost era as important illustrations and documentations of everyday rural life, and are well worth preserving. As the Rankmühle mill near St. Märgen stands on a slope, all floors were accessible from ground level: the cattle shed on the valley side was on the lowest storey, over that were living quarters, entered through the kitchen, and above a threshing barn.

Les moulins des paysans de la Forêt-Noire sont des reliques des temps passés. La technique moderne a depuis longtemps fait taire les frémissements de l'eau sur les roues hydrauliques. Mais ils sont aujourd'hui des témoignages de la vie paysanne d'autrefois qu'il est important de conserver. Le moulin près de St. Märgen s'accroche à un versant ; sur le côté donnant sur la vallée, l'étable pour le bétail occupait la partie inférieure de la maison, au-dessus, se trouvait l'habitation avec la cuisine, puis l'aire d'abattage plane où arrivaient les charrettes.

Klosterdorf St. Peter, Bertholdplatz dahinter die Pfarrkirche
St Peter monstery town - Berthold square and the rectory · Village de monastère St. Peter, Bertholdplatz derrière l'église paroissiale

Ein Glanzpunkt der im Jahre 1093 gegründeten Benediktinerabtei St. Peter ist die Bibliothek, die das Foto (S. 64) zeigt. In ihren eleganten Formen schon ins Rokoko übergehend, besticht sie durch den geschwungenen Grundriss, die feinen Stuckaturen, die mit Figuren von Matthias Faller geschmückte, mehrfach geschwungene Galerie und das hohe Gewölbe. Fantastische Deckengemälde von Benedikt Gambs bilden den Abschluss. 1806 wurde das Kloster aufgelöst und diente in den folgenden Jahrzehnten unterschiedlichen Zwecken und war später (1846-2006) Priesterseminar.

The most outstanding feature of St Peter, indeed coming a whole era of architecture, is the library seen in the photograph (p. 64). In its elegant form it moves from Baroque into Rococo: We only need to consider the curved shape of the ground plan, the fine stucco work, the undulating lines of the gallery balustrade adorned with pedestalled figures by Matthias Faller and the high domed ceiling with grandiose paintings by Benedikt Gambs. The monastery was dissolved in 1806 and used for sundry purposes until it was rescued and carefully restored.

Un des joyaux de l´abbaye Saint Pierre est la bibliothèque aux proportions admirables que montre la photographie (p. 64). Son élégance se révèle dans les stucs décorés de figures du sculpteur Matthias Faller, dans sa galerie aux arcs délicats et dans ses hautes voûtes élancées. Le plafond est orné de peintures fabuleuses de l´artiste Benedikt Gambs. La congrégation monacale se dissolva en 1806. Durant des dizaines d´années, l´abbaye servit à des fins différentes avant d'être restaurée dans toute sa splendeur.

Abtei St. Peter, Klosterbibliothek (1727) eines der schönsten Zeugnisses des Barock und des Rokoko
The Library at the Abbey of St Peter (1727), an example of Baroque and Rococo · Abbaye St. Peter, bibliothèque (1727), ensemble alliant le baroque et le rococo

Schwarzwaldlandschaft zwischen St. Märgen und St. Peter

Black Forest Landscape between St Märgen and St Peter · Paysage de la Forêt-Noire entre St. Märgen et St. Peter

Glottertal zwischen Südschwarzwald und Rheinebne ein Erholungs- und Weinort
The Glotter Valley, a relaxing wine region flanked by forests and plains · Vallée de la Glotter et la plaine rhénane, vignobles et détente champêtre

Die Herzöge von Zähringen ließen im Glottertal nach Silber und Erzen graben. Hier am Fuße des Kandels wurde schon vor dieser Zeit seit dem 10. Jahrhundert Metall abgebaut. Im 15. Jahrhundert kam der Weinanbau hinzu. Mit einer Hangneigung von bis zu 70° und Höhenlagen bis 500 Meter über dem Meeresspiegel ist es das steilste und höchstgelegene Weinanbaugebiet in Deutschland. Das idyllische und typisch Schwarzwälder Glottertal gelangte durch die in 38 Ländern bekannt gewordene Fernsehserie „Die Schwarzwaldklinik" ab 1985 zu ungeahntem Ruhm.

The Dukes of Zähringen developed the mining of silver and ore in Glottertal, but as early as the 10th century metals were extracted here at the foot of the Kandel mountain. In the 15th century vines were introduced, making this Germany's steepest and highest wine-growing area, with gradients of up to 70% and heights reaching 550 metres above sea level. From 1985, the idyllic, typically Black Forest valley of Glottertal gained undreamt-of fame as the location of the long-running TV series 'Black Forest Clinic', broadcasted in 38 countries.

Les ducs de Zähringen exploitaient l'argent et autres minerais dans la vallée de Gottertal. Ici, au pied du Kancel, le métal était déjà extrait au Xe siècle. La culture de la vigne vint s'ajouter aux ressources minières au XVe siècle. Avec une inclination atteignant 70% et situés à 500 m au-dessus du niveau de la mer, ces vignobles sont les plus élevés et les plus abrupts d'Allemagne. Vallée typique de la Forêt-Noire, aux paysages champêtres idylliques, le Glottertal est devenu célèbre dans 38 pays grâce à la série télévisée « La clinique de la Forêt-Noire ».

Wald, Orgelbau, Fasnet und Tradition in Waldkirch an der Elz
Waldkirch: Forests, Organ builders, Carnivals, and Tradition · Waldkirch sur l'Elz – Forêt, orgues, carnaval et tradition

Wie der Name schon sagt, liegt Waldkirch mitten im grünen Südschwarzwald, vom Hausberg, dem Kandel (1241 Meter) hat man einen herrlichen Ausblick über diese Walreiche Landschaft. Der Ort ist das Zentrum des Dreh- und Jahrmarktorgelbaus. Seit über 200 Jahren werden von hier aus Orgeln in alle Welt geschickt. Besonders wertvolle Exponate sind im Elztalmuseum zu besichtigen. Alle drei Jahre findet hier das internationale Orgelfest statt und verzaubert Besucher aus aller Welt. Die Ruine Kastelburg im 13. Jh. erbaut von den Herren von Schwarzenberg, die Schirmvögte des Kloster St. Margarethen.

As its name suggests, Waldkirch ("Forest Church") lies in the middle of the lush, wooded landscape of the Southern Black Forest, which can perhaps best be seen from Mt. Kandel (1241 m.) The town is the center of Barrel- and Fairground-Organ building, and has sent its instruments all over the world for over 200 years. Particularly valuable examples are kept in the Elz Valley Museum. The International Organ Festival is held here every three years, enchanting visitors from all over the world. The Kastelburg Ruins were built in the 13th Century by the Masters of Schwarzenberg, the Protectors of the Monastery of St Magarethen.

Comme son nom l'indique, Waldkirch s'étend dans une région très boisée du sud de la Forêt-Noire. Depuis le Kandel (1241 m) on découvre un vaste paysage de forêts. La localité est le centre de la fabrication des orgues de Barbarie, Les instruments de Waldkirch sont exportés dans le monde entier depuis plus de 200 ans. On peut en admirer des exemplaires magnifiques au musée de l'Elztal. Tous les trois ans a lieu la fête des orgues qui attire un public international. Le château en ruine Kastelburg fut bâti au XIIIe s. par les seigneurs de Schwarzenberg qui étaient les patrons du cloître St. Margarethen.

Emmendingen an der Elz, die Ruine Hochburg und die Katholische Kirche St. Bonifatius
Emmendingen on the Elz, ruins of the castle Hochburg, Church of St Bonifatius · Emmendingen sur l'Elz, vestiges de la Hochburg et église Saint-Boniface

Am Eingang des Elztales liegt Emmendingen. Spazieren Sie vom Marktplatz durch die Fußgängerzone zum sehenswerten Markgrafenschloss; heute ist hier das Stadtmuseum und ein Fotomuseum untergebracht. Das Schloss wurde 1588 durch den Markgrafen Jakob III. von Baden-Hachberg zu einem ausdrucksvollen Ensemble im Renaissancestil umgebaut. Es war der Schauplatz des „Emmendinger Religionsgesprächs" 1590. Das Wahrzeichen der Stadt ist das Emmendinger Stadttor. In der katholischen Pfarrkirche findet man ein besonderes Kleinod altdeutscher Malerei: einen Flügelaltar von 1473.

Emmendingen is situated at the entrance to the Elz valley. If you walk from the market square through the pedestrian zone, you will reach the Margrave's Palace, also worth a visit for the local history museum housed here. In 1588, Margrave Jacob III of Baden-Hachberg rebuilt it as an impressive ensemble in Renaissance style, and in 1590 he invited disputing Catholics and Protestants to an official debate. Emmendingen's best-known landmark is the town gateway. The Roman Catholic church contains a jewel of medieval German art, a winged altar of 1473.

Emmendingen s'étend à l'entrée de la vallée de l'Elz. Depuis la place du Marché, en longeant la zone piétonnière, on parvient au château qui abrite aujourd'hui un musée régional. Le superbe édifice de style Renaissance fut construit en 1588 par le margrave Jacob III de Baden-Hachberg. C'est ici que se déroula le « Débat religieux d'Emmendingen » en 1590. La porte dite « Emmendinger Stadttor » est le symbole de la ville. L'église paroissiale Sankt-Bonifatius abrite un magnifique triptyque, joyau de la peinture allemande, réalisé en 1473.

Freiburg im Breisgau – die südlichste Großstadt Deutschlands
Freiburg im Breisgau, Germany's Southernmost Major City · Fribourg-en-Brisgau, la plus grande ville à l'extrême sud de l'Allemagne

Als schönster Turm der Christenheit wurde er bezeichnet, der des Münsters Unserer Lieben Frau. 116 Meter misst der Turm, mächtig und erhaben, wie auch filigran zugleich. Die Stadt zwischen Weingärten und Tannenwäldern bietet darüber hinaus Kleinode der Architektur, das Schwabentor etwa, das liebevoll restaurierte Gerberviertel, das historische Kaufhaus (16. Jahrhundert) mit den prächtigen Erkern, das Kornhaus, die alte Wache (18. Jahrhundert) und vieles mehr. Unvergleichlich ist die Atmosphäre dieser alten Stadt voll jungem Leben.

The tower of Freiburg´s Minister of Our Lady once was described as the finest one of Christendom. The magnificent soaring spire is 380 feet high, a migthy yet delicate structure. Freiburg has any number of architectural treasures, like the Schwabentor Gateway, the meticulously restored Gerberviertel, or tanner´s quarter, the historical Merchant´s House (16th c.) with fine oriel windows, the Granary House and the old police station (18th c.). This ancient town has a character all of its own: It preserves youth.

Au XIXe siècle, l´historien Jacob Burckhardt décrivait le Münster Unserer Lieben Frau comme la plus belle tour de la cathédrale, haute de 116 mètres, paraît en même temps aussi délicate qu´un ouvrage de filigrane. Elle est aussi parée de magnifiques joyaux architecturaux dont le Schwabentor, une tour-porte médiévale, le Kaufhaus historique XVIe avec un gable vieux et le quartier des tanneurs admirablement restauré. Incomparable est l´atmosphère d´une cité ancienne remplie d´une vie dynamique. Une ville de culture, de musique, de fêtes, de cafés et de restaurants agréables.

Durch den Hochschwarzwald – vom Höllental zur Feldbergregion

Schauinsland near Freiburg / Schauinsland bei Freiburg / Schauinsland près de Freiburg en Brisgau

Der Freiburger Hausberg Schauinsland (1284 m) bietet besonders bei Inversionswetterlagen einen herrlichen Ausblick bis zu den Vogesen, zum Alpenrand und hinunter in den Breisgau auf Freiburg. Dass solch ein Ausblick jedem zugänglich gemacht werden sollte, beschloss man 1893. Bis 1930 brauchte man, um diese Idee umzusetzen. Die Schauinslandbahn war nun mit 16 Minuten Fahrzeit das schnellste Verkehrsmittel, um auf den Berg zu gelangen. Nach 57 Jahren regen Betriebes mit stetig wachsenden Besucherzahlen wurde sie 1987 erneuert.

From Schauinsland (1284 m), Freiburg's local mountain, you have a superb view over to the Vosges, the edge of the Alps and down to Breisgau and Freiburg itself. It is particularly clear in inverted weather conditions. In 1893 it was decided that everyone should have a chance to enjoy this view, but the plans were not realised until 1930, when the spectacular 16-minute trip by cable car became the fastest way to ascend the mountain. The whole system underwent renovation in 1987 after 57 years of active service with a growing number of visitors.

Dominant Fribourg-en-Brisgau, le massif de Schauinsland (1284 m) offre par beau temps un panorama magnifique qui s'étend jusqu'aux Vosges et aux contreforts des Alpes. L'idée de construire la voie ferrée du Schauinsland naquit en 1893, mais ne fut réalisée qu'en 1930. Avec un trajet de 16 minutes, le train devint le moyen le plus rapide pour atteindre le sommet. Après 57 années de trafic de plus en plus intense, la ligne a été modernisée en 1987.

Höllental, steile Schluchten säumen den Hirschsprung
Höllental, Steep Ravines flanking the "Stag's Leap" · Höllental, ravins profonds au Hirschsprung (Saut du cerf)

Vor 60 bis 70 Millionen Jahren gestaltete ein Naturereignis die Gegend von Schwarzwald und Vogesen völlig neu: Der Rheingraben brach ein und das Land driftete auseinander. Auch eiszeitliche Einflüsse wirkten an der bizarren und romantischen Gestaltung des Höllentals mit. – Der Hirschsprung verdankt seinen Namen einer Sage: Stundenlang verfolgte ein Ritter bei der Jagd einen stattlichen Hirsch, bis sich dieser völlig erschöpft mit einem letzten kühnen 10 m weiten Sprung an der engsten Stelle des Höllentals über den Rotbach rettete.

Between 60 and 70 million years ago, the area of the Black Forest and the Vosges was transformed by a unique natural phenomenon: The Rhine valley collapsed and sections of the earth's surface drifted apart. Events of the Ice Age also helped to create the bizarre, romantic shapes of the Höllental. – The so-called Stag's Leap takes its name from a legend: During a hunting expedition, a knight pursued a magnificent stag for hours until, almost exhausted, it saved itself with a last bold leap of no less than 10 metres across the narrowest part of the Höllental.

Il y a quelque 60 à 70 millions d'années, un phénomène naturel transforma totalement la région de la Forêt-Noire et des Vosges quand le Rhin sépara en deux parties l'étendue montagneuse. Les influences glaciaires ont aussi façonné la vallée sauvage et romantique du Höllental. – Le Hirschsprung (saut du cerf) doit son nom à une légende: un chevalier qui chassait aurait poursuivi un cerf des heures durant, jusqu'à ce que l'animal arrive, complètement épuisé, à la partie la plus étroite du Höllental, et parvienne à s'échapper en faisant un bond gigantesque de plus de 30 mètres.

Höllental, Hotel Hofgut Sternen, in Breitnau am Höllsteig
Höllental (Hell Valley), hotel Sternen at Breitnau near the Höllsteig hiking path · Höllental, auberge Sternen sur Breitnau dans le Höllsteig sentier de randonnée

Einst war die Reise durch die enge und steile Schlucht des Höllentals auf einem Maultierpfad eine Höllentour. Heute ist die Straße eine wichtige und zügige Verbindung. Nach dem „Höllentrip" durch die Schlucht fanden die Reisenden in Breitnau im Alten Sternen einen angenehmen Rastplatz. Hier kehrten bereits Marie Antoinette, Goethe und Felix Mendelssohn-Bartholdy ein. Die Glasbläserkunst des Ortes wusste schon Goethe zu schätzen; den Klassiker des mundgeblasenen Barometers gibt es bis heute noch.

The journey along the mule path through the narrow steep-walled Höllental (Hell Valley) used to be a nightmare, but nowadays you can speed along the route via a major link road. After the rigours of Hell Valley, earlier travellers found a welcome stopping place in the Hofgut Sternen in Breitnau, whose former patrons include such famous names as Marie Antoinette, Goethe und Felix Mendelssohn-Bartholdy. Goethe must have pleased the local glassblowers when he popularised the elegant barometer, now known as a weather glass.

Jadis, la traversée de l'étroite vallée abrupte de Höllental était un voyage périlleux, d'où le nom Hölle (enfer) de l'endroit. Au bout de la piste dangereuse, aujourd'hui remplacée par une route agréable et rapide, les voyageurs atteignaient Breitnau où ils faisaient halte à l'Alte Stern, une auberge confortable qui eut pour hôtes Marie Antoinette, Goethe et Felix Mendelssohn-Bartholdy. Goethe apprécia tant l'art des souffleurs de verre de l'endroit qu'il acquit un baromètre, un modèle classique encore en vente aujourd'hui.

Ravennaschlucht im Höllental

Ravennaschlucht Gorge, Höllental · Ravennaschlucht Höllental, Gorge

Neben der Straße durch das Höllental ließ man die Strecke zwischen Freiburg und Donaueschingen durch die berühmte Höllentalbahn verbinden. Diese Strecke zählt zu den schönsten Bahnstrecken in ganz Deutschland, zahlreiche Tunnel und atemberaubende Viadukte überwinden die enormen Steigungen, welche die legendäre Bahn seit 1887 zurücklegt. Von Breitnau aus führt ein Weg durch die urige Ravennaschlucht bis hinunter ins Höllental. Dort erwartet den Wanderer eines der ältesten Gotteshäuser des Schwarzwaldes, die St. Oswaldkapelle von 1148.

The famous railway route through Höllental runs parallel to the old road and was built to connect the towns of Freiburg and Donaueschingen. This legendary Höllental line, dating from 1887, is one of the most picturesque ones in all of Germany, for the stretch of track negotiates enormously steep inclines by means of numerous tunnels and breathtaking viaducts. From Breitnau a path leads through the wild Ravenna Gorge down to Höllental, where walkers and hikers can visit one of the oldest churches in the Black Forest, St Oswald's chapel from 1148.

Parallèle à la route, la célèbre voie de chemin de fer Höllentalbahn relie Fribourg-en-Brisgau à Donaueschingen. Construite en 1887, la voie ferrée de montagne fait parcourir un trajet inoubliable à travers des tunnels et sur des viaducs vertigineux. De Breitnau, un chemin au fond de la gorge sauvage de Ravenna descend dans la vallée de Höllental où les randonneurs peuvent visiter la St. Oswaldkapelle (1148), une des plus anciennes chapelles de la Forêt-Noire.

Höhenluftkurort Hinterzarten am Titisee
Hinterzarten's high-altitude health resort · Hinterzarten, station climatique du lac Titisee

Aus dem einstmals einsamen Ort Hinterzarten oberhalb des Höllentals wurde seit der Eröffnung der Höllentalbahn 1887 einer der renommiertesten Kurorte des ganzen Schwarzwaldes – im Sommer genauso wie im Winter. Von den Seen der Eiszeitgletscher ist nur der Titisee übriggeblieben, die anderen Seen rund um Hinterzarten sind zu Hochmooren verlandet. Auf einem Moorlehrpfad kann hier die außergewöhnliche Tier- und Pflanzenwelt dieser gut erhaltenen Moorlandschaft erkundet werden.

Hinterzarten was once an isolated community situated above Höllental, but after the opening of the Höllental railway in 1887, it became one of the best known health resorts in the Black Forest, both in summer and in winter. Of the local lakes created by glacial action in the Ice Age, only Titisee has survived, though remains of the others can be found in the form of high damp heaths around Hinterzarten. The unusual flora and fauna of this well-preserved marshland can be explored along a special nature trail.

Dès l'inauguration de la voie ferrée Höllentalbahn en 1887, la localité isolée de Hinterzarten qui surplombe la vallée devint l'une des stations climatiques les plus fréquentées de la Forêt-Noire, été comme hiver. Le Titisee est le dernier des lacs glaciaires de la région autour de Hinterzarten, les autres se sont transformés en landes marécageuses. Un chemin pédagogique conduit à travers les marais, à la découverte d'une faune et d'une flore uniques.

Sonnenuntergang am Titisee im Hochschwarzwald

Sunset over Titisee in the Black Forest Highlands · Coucher du soleil sur le Titisee en Haute Forêt-Noire

Der Titisee fügt sich harmonisch in die waldreiche Landschaft am Fuße des Feldberges ein, es ist das am stärksten besuchte Touristenzentrum im Schwarzwald. Aus dem Feldberggletscher entstand der im Schnitt 20 Meter tiefe Titisee. Sein Wasser stürzt aus 840 Meter Höhe über die „wütende Ach" durch die Wutachschlucht bis in den Rhein. Titus soll dem See seinen Namen gegeben haben, der See gefiel ihm so gut, dass er hier lagerte. Der Hochfirst ist der Hausberg von Titisee-Neustadt, der Blick vom Gipfel aus (1192 m über NN) ist hervorragend.

Titisee is the Black Forest's most popular tourist centre and a harmonious feature of the thickly wooded country at the foot of the Feldberg. The lake, formed by glacial action around the Feldberg, is over 20 metres deep. Legend relates that the Emperor Titus found it so pleasing that he set up camp here and named it after himself. The Gutach tumbles out of the lake at a height of 840 metres and plunges down the Wutach gorge to the Rhine. There is a splendid view from the top of the 1,192-metre-high Hochfirst, Titisee-Neustadt's local mountain.

Le lac de Titisee s'harmonise dans le paysage boisé au pied du Feldberg ; c'est l'endroit le plus touristique de la Forêt-Noire. Profond de quelque 20 mètres, le lac est né d'un glacier du Feldberg. Au-dessus de la Gutach, ses eaux bouillonnantes se déversent à 840 mètres de hauteur par la gorge de la Wutach jusque dans le Rhin. Selon la légende, Titus aurait donné son nom au lac qui lui plaisait tant qu'il y établit son campement. Le Hochfirst domine Titisee-Neustadt ; son sommet à 1192 m d'altitude offre une vue imprenable.

Titisee-Neustadt, Blick vom Alemannenhof
Titisee-Neustadt view from the Alemannenho · Titisee-Neustadt vue du Alemannenhof

Titisee-Neustadt, Seeuferpromenade
Titisee-Neustadt, Lakeside Promenade · Titisee-Neustadt, promenade du lac

Die Wälderstadt Neustadt bekam um 1250 Stadtrechte zugesprochen. Die Fürsten von Fürstenberg nutzten die günstige Lage, um ihre Macht weiter zu entfalten. Die Haupteinnahmequelle war der Holzhandel, wie der Beiname schon sagt, aber auch die Uhrmacherei war ein wichtiges Standbein, um den Wohlstand der Stadt zu sichern. 1971 wurden Titisee und die Stadt Neustadt zusammengeschlossen. Viele Wintersportler suchen hier ihr Vergnügen, auf der Hochfirstschanze werden sogar Weltcups ausgetragen.

The forest town of Neustadt received its charter in 1250, and later the Dukes of Fürstenberg took advantage of its favourable position to expand their existing power base. The main source of wealth here was the timber industry, but clock-making also contributed to the prosperity of the area and became a mainstay of the local economy. In 1971, Titisee and Neustadt were combined to make one administrative area. This is a popular winter sports centre and world class events take place on Hochfirst ski jump.

Malgré son nom - ville neuve -, Neustadt reçut ses droits de ville vers 1250. Les princes de Fürstenberg élargirent leur puissance et leur fortune grâce à cette région dont la ressource principale était le commerce du bois. Mais l'horlogerie, dont les pendules à coucou, contribua également à la prospérité de la ville. Les localités Titisee et Neustadt furent réunies en 1971. La ville est une station de sports d'hiver très fréquentée ; des compétitions mondiales de saut au tremplin se déroulent même sur le Hochfirst.

Titisee-Neustadt, Blick auf Neustadt von der Sprungschanze
Titisee-Neustadt, View to Neustadt from the Ski Jump · Titisee-Neustadt, vue dans Neustadt du tremplin de saut

Auf dem klimatisch alpinen Feldberg, der höchsten Erhebung des Gebirges, gedeihen seltene Alpenpflanzen. „Die Augen des Schwarzwaldes" nennt man die fast kreisrunden Karseen, die durch Gletschertobel entstanden sind. Einer davon ist der romantische Feldsee unterhalb einer Steilwand am Feldbergmassiv, nur für Wanderer erreichbar. Auf den Berg kommt man auch per Seilbahn. Vor dem 1493 Meter hohen Feldbergmassiv mit seinem lang gezogenen Rücken verschwimmen die anderen Höhen des Schwarzwalds und der Vogesen wie Wellen im Abendlicht.

The Feldberg is the highest mountain in the Black Forest and rare alpine plants flourish on its heights. The Feldsee (right) is a corrie lake, a remnant of the ice age. It lies under a steep cliff face on the Feldberg and is accessible only on foot. The circular corries are known as "the dark eyes of the Black Forest". On the mountain you can get even by cableway. From the long level ridge on the 4,900-feet-high Feldberg, the misty ridges of the Black Forest and the distant Vosges look like great rolling waves at dusk.

Contemplées depuis la longue crête platé du massif du Feldberg haut de 1493 mètres, les montagnes des Vosges et de la Forêt-Noire s´estompent comme des vagues dans la lumière du crépuscule. Des espèces rares de plantes alpines croissent sur les versants du Feldberg, la plus haute montagne de la région. Sur la montagne, on y vient par funiculaire. « Les yeux sombres de la Forêt-Noire » : c'est ainsi qu'on appelle les lacs glaciaires dont le Feldsee est un bel exemple. Ce lac romantique, situé sous un versant escarpé du Feldberg, n'est accessible qu'aux randonneurs.

Feldsee am Steilhang des Feldberges
Lake Feldsee, the Feldberg escarpment · Lac de Feldsee sur un versant du Feldberg

Wutachschlucht bei Bonndorf im Hochschwarzwald
Wutach Canyon near Bonndorf, Upper Black Forest · Gorges de la Wutach près de Bonndorf en Haute Forêt-Noire

Eine wildromantische Schönheit ist der größte Canyon Deutschlands, die Wutachschucht. Steil anfallende Hänge säumen enge Wege durch bizarre Felsformationen, imposante Wasserfälle stürzen die Felsen hinab und die Flora und Fauna sind durch eine geologische Fügung von außerordentlicher Bedeutung. Schmetterlinge in einer Vielfalt, wie man sie sonst nur in Ausstellungen findet, lassen diese Landschaft gar feenartig wirken. Fast die Hälfte aller in Mitteleuropa vertretenen Pflanzenarten sind hier in der Wutachschlucht vertreten, ein Eldorado für Botaniker

Wutachschucht, Germany's largest canyon, is a place of wild, romantic beauty. Narrow, steep-sided pathways cut deep into the rock, wending their way through bizarre rock formations, past majestic, cascading waterfalls, and alongside wondrous flora and fauna, all of which create an extraordinary cocktail of natural interest. Species of butterfly only usually found in museums flutter like fairies through the landscape. The canyon also plays host to almost half of all the plant species currently living in Central Europe, making it a beautiful hidden paradise for Botanists.

Le plus grand canyon d'Allemagne offre une beauté romantique et sauvage. Les gorges de la Wutach présentent un ensemble de ravins abrupts, de formations rocheuses déchiquetées, de cascades imposantes et d'étroits sentiers. Cette nature est habitée par une faune et une flore rares. Citons en autres une foule d'espèces de papillons que n'exposent normalement que les musées. Les amateurs de botanique y trouveront aussi la quasi moitié de toutes les variétés de plantes d'Europe centrale.

Staufen, die Fauststadt im Breisgau
Staufen, the Faust Town in Breisgau · Staufen, la ville de Faust dans le Brisgau

Prägnant erhebt sich der Schlossberg über den Ort Staufen am Fuße des Schwarzwaldes. Die Geschichte der Burg Staufen geht bis ins 12. Jh. zurück, der Dreißigjährige Krieg ließ die Burg in Schutt und Asche zurück. Staufen lebte schon sehr früh vom Bergbau, dies ließ die Stadt schon im 11. Jh. gedeihen. Alternative Energiegewinnung durch Erdwärme, sollte 2007 den Fortschritt in die Altstadt bringen, was jedoch dazu führte, dass sich die historische Altstadt hebt, da unbeabsichtigt eine Anhydritschicht die in Verbindung mit Wasser quillt, zu großen Schäden der alten Bauten führt.

The prominent slopes of the castle hill rise above the town of Staufen at the foot of the Black Forest. The fortress was built back in the 12th century, and was left in ruins during the 30 Years' War. Staufen took part in the mining industry from the 11th century, allowing the town to flourish. Alternative energy from geothermal sources was supposed to have modernised the town in 2007. Unfortunately, the plan backfired when ruptures in the earth, created when the Anhydrite rock layer beneath the town became swollen on contact with water, inflicted heavy damage upon the town's old buildings.

S'étendant à l'orée de la Forêt-Noire, Staufen est dominée par une montagne où se dressent les vestiges du château Staufen. Bâti au XIIe siècle, il fut détruit durant la guerre de Trente ans. Dès le XIe siècle, la localité était prospère grâce à l'exploitation minière. En 2007, l'obtention d'une énergie renouvelable par la chaleur de la terre aurait dû apporter le progrès au centre historique de la ville. Or, on n'avait pas prévu qu'une couche d'anhydrite se remplirait d'eau, que le sol de l'Altstadt se soulèverait, ce qui causa d'importants dommages aux édifices anciens.

Schluchsee im Feldberggebiet
Schluchsee, Feldberg area · Schluchsee, région du Feldberg

Der größte See des Schwarzwalds war ursprünglich viel kleiner: Der Schluchsee wurde Mitte des 20. Jahrhundert durch eine Staumauer auf über 10 km² Fläche vergrößert. Wie die drei anderen Seen im Feldberggebiet – der Titisee, der romantische Feldsee unterhalb des Feldbergmassivs und der kleine Windgfällweiher – ist auch der Schluchsee durch Gletschereinwirkungen entstanden. Beim Rückzug der Eismassen wurden die von den Feldberggletschern ausgehobelten Täler durch Moränenschutt abgeriegelt, so dass die heutigen Seen entstanden.

Fifty years ago the Schluchsee was dammed to form a reservoir, and thus became the largest lake in the Black Forest, with an area of over 7 square miles. Like the other three lakes in the Feldberg area – the Titisee, the Feldsee below the Feldberg mountain and the little Windgfällweiher – the Schluchsee was created by glacial action. When the masses of ice finally retreated, the debris carried along by the glaciers blocked the scoured-out valleys with moraines and thus created lakes.

Tout comme les trois autres lacs de la région du Feldberg – le Titisee, le romantique Feldsee situé sous le Massif du Feldberg et le petit Windgfällweiher, le Schluchsee est une formation due aux mouvements des glaciers. Ces lacs furent créés lors du recul des masses de glace, quand les vallées creusées par les glaciers du Feldberg reçurent une ceinture de débris de moraines. Un mur-barrage a élevé le Schluchsee de 30 mètres environ et l'a allongé de plusieurs kilomètres.

Altglashütten im Feldberggebiet / Hochschwarzwald

Altglashütten in the Feldberg area / Upper Black Forest · Altglashütten dans le terroir de Feldberggebiet / Haute Forêt-Noire

Die Gemeinde, die den Namen „Feldberg" trägt, wurde im Laufe der Zeit kunstvoll aus mehreren einst eigenständigen Dörfern zusammengefügt. Vier Dörfer sind es, die bei Kennern immer noch ihren eigenen guten Namen haben: Altglashütten und Neuglashütten, Bärental und Falkau. Immerhin haben die Orte alle zusammen einiges zu bieten. Früher war hier die Glasherstellung ein bedeutender Faktor. Und in Altglashütten gibt es (getreu dem historischen Namen) nach wie vor eine Glasbläserei, die man besichtigen kann.

The community that now bears the name Feldberg has been crafted together over the years out of several formerly independent villages. Four of them are still known by their old names to the initiated: Altglashütten and Neuglashütten, Bärental and Falkau. They have something to show. Glass blowing was of some significance in the past, and in Altglashütten, as befits the name, there is still a glass-blowing workshop that is open to visitors.

La commune portant le nom de Feldberg, véritable joyau artistique, est actuellement un regroupement de villages jadis autonomes. Quatres villages sont toujours connus par leurs anciens noms: Altglashütten et de Neuglashütten, de Bärental et de Falkau. L'ensemble de ces localités offrent néanmoins des attractions. Jadis, la fabrication du verre était un facteur prénominant. Et à Altglashütten (voir le nom historique), il existe toujours un atelier de verrerie que l'on peut visiter.

Durch den Südschwarzwald
Through the the south part of the Black Forest, Todtnau

Todtnau in der Bergwelt des Südschwarzwaldes
Sur le du sud de la Forêt-Noire, Todtnau

Todtnau, Stübenbach-Wasserfall
Todtnau Stübenbach falls · Todtnau Cascades de Stübenbach

660-1490 Meter hoch gelegen. Auf der anderen Seite von Todtnau gibt es einen Sessellift, der hinauf zum 1065 Meter hohen Hasenhorn führt. Auch hier bietet sich ein Weitblick auf die beiden Schwarzwald-Riesen Belchen (1414 m) und Feldberg (1493 m). — Wasser in seinem Element – das zeigt der Todtnauer Wasserfall, ein grandioses Naturereignis. Aus fast 100 Metern Höhe stürzen die schäumenden Wassermassen in die Tiefe. Der serpentinenreiche Fußweg führt weiter nach Todtnauberg

---

Situated at an altitude of 660-1490 Meters. On the other side of Todtnau is a chairlift that takes passengers up 1065 meters to the top of the Hasenhorn which affords a panoramic view over the two Black Forest giants, Belchen (1414 m.) and Feldberg (1493 m.) Thanks to the magnificent natural phenomenon of the hundred-meter-high Todtnau falls, visitors can see water in its natural state as it foams and plunges into the depths below. A winding pathway leads on to the Todtnau Mountain.

Ici l'altitude est de 660 à 1490 mètres. De l'autre côté de Todtnau, un télésiège emmène au sommet du Hasenhorn, haut de 1065 mètres. On y découvre un vaste panorama englobant les deux grandes montagnes de la Forêt-Noire, le Belchen (1414 m) et le Feldberg (1493 m). — L'eau est dans son élément aux chutes de Todtnau qui offrent un spectacle naturel grandiose : des masses d'eau écumantes cascadent sur 100 m de hauteur. Un étroit sentier en lacets emmène les randonneurs jusqu'à Todtnauberg

Schönau im Wiesental

Schönau liegt zentral im Belchenland, in der breiten Aue des Wiesentals. Dieser Luftkurort verfügt über einen historischen und hübschen Altstadtkern mit einem Rathaus im Stil der Renaissance, der Kirche Mariä Himmelfahrt, die auch „Münster des Wiesentals" genannt wird und gemütliche Traditions-Hotels und Gasthäuser. Ein altes Bauernhaus aus dem 18. Jahrhundert beherbergt das Heimatmuseum „Klösterle". Auf den Spuren der Grubenarbeiter des Silber- und Flussspatbergbaus sowie der Weber bekommt man einen Einblick in das Leben der damaligen Zeit.

Schönau lies at the centre of the Belchen area, in the broad plain of the Wiesental. Visitors to this climatic health resort will find an attractive Old Town with historic buildings such as the Town Hall, in Renaissance style, the church of Mariä Himmelfahrt, also known as the Minster of Wiesental, and cosy traditional hotels and inns. In the "Klösterle" local history museum, situated in an 18th century farmhouse, you can gain an insight into a long-lost past by exploring the lives of local weavers and the miners who dug out silver and fluorspar.

Schönau se niche au coeur du pays de Belchen dans la vaste plaine de la vallée dite Wiesental. Cette agréable station climatique abrite de confortables hôtels de charme et auberges ainsi qu'un captivant quartier historique dotés de beaux édifices tels que l'hôtel de ville Renaissance et l'église de l'Assomption surnommée la « cathédrale du Wiesental ». Le musée régional « Klösterle » est installé dans une ancienne ferme du XVIIIe siècle. En partant sur les traces des tisserands et des mineurs qui extrayaient l'argent et le spath fluor, on a un aperçu des conditions de vie d'autrefois.

Aitern bei Schönau im Wiesental an der Straße zum Belchen
Aitern near Schönau at the Wiesental · Aitern près de Schönau dans le Wiesental

Die Südhanglage Aiterns auf 580 Metern Höhe beschert dem Erholungsort ein ausgewogenes und mildes Klima, er schmiegt sich windgeschützt in den Hang. Die klare Schwarzwälder Luft wird daher von Feriengästen besonders im Frühjahr und Herbst geschätzt. Der 1414 Meter hohe Belchen ist mit seiner majestätischen Kuppelform besonders beeindruckend. Mit der Seilbahn kommt man schnell hinauf, um bei schönem Wetter die grandiose Rundumsicht zu genießen. Er ist der vierthöchste Berg im Schwarzwald.

The resort of Aitern stands on a south-facing slope of the Belchen at a height of 580 metres. It nestles into the hillside, sheltered from high winds, and enjoys a mild, temperate climate. Visitors particularly appreciate the clear air of the Black Forest, above all in spring and autumn. The 1,414-metre-high Belchen is the third highest peak in the Black Forest, and its majestic cupola form makes it a particularly impressive sight. For a fast ascent you can take the cable car and in fine weather enjoy the grand panorama at your leisure.

Nichée à 580 mètres d'altitude sur le versant sud du Belchen, la station climatique d'Aitern jouit d'un climat plutôt doux, et est protégée des vents. Ici, les visiteurs peuvent vraiment apprécier l'air pur de la Forêt-Noire, surtout au printemps et en automne. Haut de 1414 mètres, le Belchen au sommet en dôme est particulièrement majestueux. On le grimpe rapidement à bord du funiculaire pour découvrir par beau temps un panorama époustouflant. Le Belchen est la troisième montagne de la Forêt-Noire.

Geschwend, Schwarzwaldhaus
Geschwend Black Forest house · Geschwend Maison traditionnelle

Im gesamten Todtnauer Land war der Silberbergbau eine gute Einnahmequelle. Das Silber aus dieser Gegend wurde besonders wegen seiner Reinheit geschätzt. Nach mehreren Rückschlägen durch die Pest und Kriege bedingt, gab es kaum noch Bevölkerung in diesem Gebiet, so dass die Gruben im 17. Jahrhundert geschlossen werden mussten. Zu Kriegszeiten hatte man auch die Gruben zugeschüttet. Nachdem die Bergleute in den Kriegen umgekommen waren, hatte man niemanden mehr, der die Eingänge wiederfand. Zeitweise war sogar Gold geschürft worden.

Silver mining used to be a valuable source of income in the whole of the Todtnau area, as silver from this vicinity was especially prized for its purity. Occasionally gold was also found here. As a result of many grave setbacks caused by recurring plagues and wars, the population of the region almost died out, and as a result, the mines had to be closed in the 17th century. The entrances were also blocked up in times of war, and when those who knew of their existence lost their lives, there was no one left to open up the mines again.

Dans tout le pays de Todtnau, l'extraction de l'argent signifiait une ressource importante, le métal précieux de cette région étant très apprécié pour sa pureté. Mais après plusieurs épidémies de peste et des guerres, la population fut pratiquement décimée et il fallut fermer les mines au XVIIe siècle, faute de main-d'oeuvre. Les entrées des mines, comblées en temps de guerre par protection, ne furent plus retrouvées plus tard, les hommes qui en connaissaient l'emplacement ayant disparu. Dans une moindre mesure, l'or était également extrait en Forêt-Noire.

Blick über den Südschwarzwald von Schauinsland zum Münstertal
View to the southern Black Forest from Schauinsland to the Münstertal · Vue sur le sud de la Forêt-Noire, du Schauinsland au terroir du Münstertal

Kloster St. Trudpert im Münstertal
St Trudpert abbey · Monastére St Trudpert

Kloster Sankt Trudpert wurde um 800 aus einer Einsiedelei des iroschottischen Mönchs Trudpert gegründet, welcher die damals noch heidnischen Alemannischen Gebiete missionieren wollte. Nach einer wechselvollen Geschichte leben heute die Schwestern vom heiligen Josef von St. Markus und St. Trudpert in den ehrwürdigen Gemäuern. Sie bieten hier eine Oase der Ruhe für jeden an. In den Gästehäusern kann man die Stille dieses Ortes in sich aufnehmen und sich besinnen, um wieder Kraft zu tanken. Seminare und Tagungen zu allen Themen rund um das Sein werden angeboten.

The abbey of St Trudpert was founded around 800. The Irish monk Trudpert try before to convert the heathen tribes of the Alemannic lands. The abbey had a chequered history, and now an order of nuns has settled within its venerable walls: the Sisters of St Joseph from St Mark (Alsace) and St Trudpert. The convent offers the public an oasis of peace and quiet. In the guest houses you can absorb the tranquillity of this place, gain new strength through meditation and reflection and attend seminars and conferences on existential matters.

Le moine écossais Trudpert fonda en 800 le cloître Sankt Trudpert aux fins d'évangéliser cette région alémanique qui était encore paienne. Après une histoire mouvementée, les murs respectables du cloître abritent aujourd'hui les soeurs de saint Josef de Saint-Marc et Saint-Trudpert. Elles offrent une oasis de paix et des maisons d'hôtes à quiconque désireux de faire une retraite et de retrouver son énergie. Des séminaires et réunions sur l'être et la vie sont également proposés.

Belchen (1414 m.ü.NN), Blick zum Hochblauen (1165 m.ü.NN)
From the Mountain Belchen view to the mountain Hochblauen · Vue sur la montagne Belchen à la montagne Hochblauen

Hotzenwald mit der Alpenkette im Hintergrund
Hotzenwald with the Alps in the Background · Forêt d'Hotzenwald avec la chaîne des Alpes en toile de fond

Die vielseitige Landschaft des Südschwarzwaldes mit Fernblick
The versatile Landscape of the southern Black Forest · Panorama du paysage diversifié du sud de la Forêt-Noire

Der Dom von St. Blasien, die ehemalige Abteikirche
Monastery curch St Blasien · Dôme de Saint-Blaise, ancienne abbatiale

Klosterkirche St. Blasien, die drittgrößte Kuppelkirche Europas von Innen
St. Blasien's Monastery Church, the third largest domed church in Europe · Église Saint-Blaise, intérieur de la troisième plus grande église à dôme d'Europe

Nach dem Petersdom in Rom und dem Invalidendom in Paris besitzt St. Blasien die drittgrößte Kuppel Europas. Sie ist 36 Meter hoch und wird von 20 korinthischen Säulen getragen. Nach dem Vorbild in Rom wurde sie 1768–1783 erbaut und 1911–1913 grundlegend erneuert. Das Benediktinerkloster St. Blasien wurde 858 erstmals erwähnt und hatte jahrhundertelang eine führende geistige und geistliche Bedeutung im ganzen süddeutschen Raum. Sehenswert ist auch der Kirchenschatz. 1806 wurde das Kloster aufgelöst. Heute befindet sich ein Jesuitenkolleg in den Gebäuden.

St Blasien has the third largest cupola in Europe, after those of St Peter´s in Rome and Les Invalides in Paris. Built between 1768 and 1783 and renovated in 1911-13, St Blasien´s cupola is actually modelled on that of St Peter's. The cupola was a fairly late addition, for the monastery was first recorded in 858, and for centuries was a leading religious and intellectual centre of South Germany until its dissolution in 1806. There is now a Jesuit college here and the cathedral treasure is on show to visitors.

Après le dôme de Saint-Pierre à Rome et le dôme des Invalides à Paris, celui de Sankt-Blasien occupe la troisième place en Europe. La coupole de 36 mètres de diamètre, est portée par vingt colonnes corinthiennes. Elle a été construite entre 1768 et 1783 d'après le modèle de Rome et restaurée entièrement en 1911-13. L´abbaye bénédictine de Sankt-Blasien, mentionné dans la première fois 870, a été durant des siècles, un centre spirituel dominant dans toute la région du Sud de l'Allemagne. A voir également est le trésor dans l´église. Les derniers moines quittèrent le monastère en 1806.

Kreisstadt Waldshut-Tiengen an der Schweizer Grenze
Waldshut-Tiengen, a District Town on the Swiss Border · Waldshut-Tiengen, chef-lieu d'arrondissement à la frontière suisse